DK 아틀라스 시리즈

우리의 몸

글 스티브 파커 · 그림 줄리아노 포르나리

THE BODY ATLAS

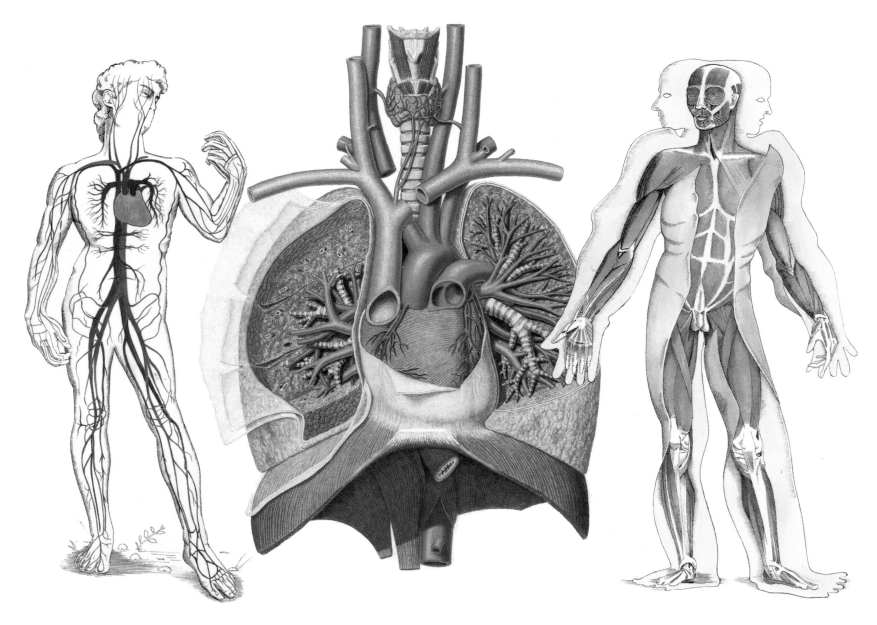

덴스
루

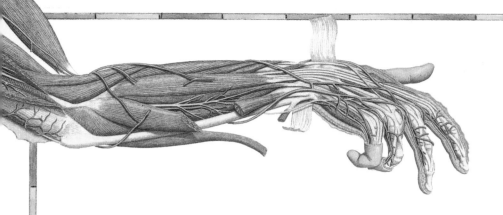

A DORLING KINDERSLEY BOOK

Senior Art Editor Christopher Gillingwater · Project Editor Laura Buller / Constance Novis
Designer Dorian Spencer Davies · Production Neil Palfreyman and Marguerite Fenn
Managing Editor Susan Peach · Managing Art Editor Jacquie Gulliver
Medical Consultant Dr. Thomas Kramer MBBS, MRCS, LRCP

First published in Great Britain in 1993
by Dorling Kindersley Limited,
80 Strand, London, WC2R ORL

Original Title : The Body Atlas
Copyright © 1993 Dorling Kindersley Limited, London

Korean translation copyright © 2009 by Ludens Book
All rights reservsd.
The Korean edition was published by arrangement with Dorling Kindersley Limited, London

DK 아틀라스 시리즈
우리의 몸
초판 6쇄 발행 2020년 6월 10일
펴낸곳 루덴스 · 펴낸이 이동숙 · 글 스티브 파커 · 그림 줄리아노 포르나리
번역 김재면 · 감수 오유경 박영주 박선오 · 편집 홍미라 박정익 · 디자인 모현정 나선영
출판등록 제16-4168호 주소 서울시 송파구 송파대로 201 송파테라타워 B동 919호
전화 02-558-9312(3) · 팩스 02-558-9314
값 24,000원 · ISBN 979-11-5552-224-0

학년	단원	교과 과정 연계표 (개정 7차)
		차례
초6	우리 몸의 생김새	인체의 구조1/머리와 목/두피와 머리뼈/목/가슴/등/폐(허파) 심장과 혈관/등/척주/팔과 손/어깨와 팔꿈치/손목·손·손가락/배/위 간·이자·지라/장(창자)/신장과 방광/남자의 생식기관/여자의 생식기관 아기의 탄생/허리와 엉덩이/다리와 발/고관절과 무릎관절/발목과 발
중1	1학기 생물의 구성	인체의 구조1/등
	2학기 소화와 순환	인체의 구조2/목/가슴/심장과 혈관/척주/팔과 손/손목·손·손가락 배/위/간·이자·지라/장(창자)/다리와 발/발목과 발
	2학기 호흡과 배설	인체의 구조2/목/가슴/폐(허파)/배/장(창자)/신장과 방광
중2	2학기 자극과 반응	인체의 구조2/목/가슴/심장과 혈관/척주/팔과 손/손목·손·손가락 배/위/간·이자·지라/장(창자)/다리와 발/발목과 발
중3	1학기 생식과 발생	남자의 생식기관/여자의 생식기관/아기의 탄생
	2학기 유전과 진화	인체의 구조2
고1	물질 대사	인체의 구조2/폐(허파)/배/위/간·이자·지라/장(창자)
	자극과 반응	인체의 구조2/머리와 목/두피와 머리뼈/뇌/눈/귀/등/팔과 손 손목·손·손가락/신장과 방광/발목과 발
	생식	남자의 생식기관/여자의 생식기관/아기의 탄생
고등 생물	I-2 영양소와 소화	배/위/간·이자·지라/장(창자)
	I-3 순환	심장과 혈관
	I-4 호흡	폐(허파)
	I-5 배설	신장과 방광
	I-6 자극과 반응	인체의 구조2/뇌/눈/귀
	I-7 생식	남자의 생식기관/여자의 생식기관/아기의 탄생
	II-1 세포	인체의 구조1
	II-8 진화	허리와 엉덩이

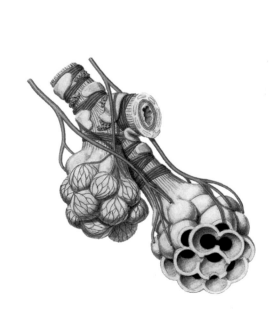

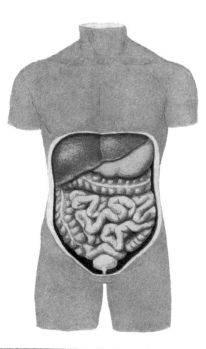

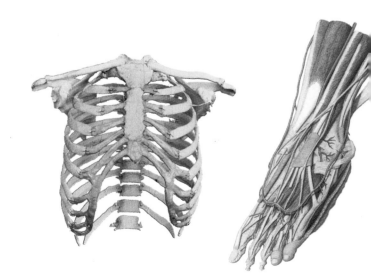

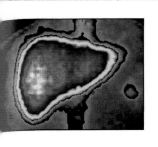
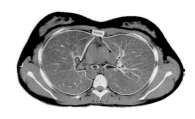

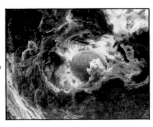
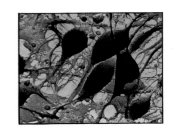

차례

4 · 인체탐험을 위한 가이드

6 · 인체의 구조 1

8 · 인체의 구조 2

10 · 머리와 목

12 · 두피와 머리뼈

14 · 뇌

16 · 눈

18 · 귀

20 · 목

22 · 가슴

24 · 등

26 · 폐(허파)

28 · 심장과 혈관

30 · 등

32 · 척주

34 · 팔과 손

36 · 어깨와 팔꿈치

38 · 손목·손·손가락

40 · 배

42 · 위

44 · 간·이자(췌장)·지라(비장)

46 · 장(창자)

48 · 신장과 방광

50 · 남자의 생식 기관

52 · 여자의 생식 기관

54 · 아기의 탄생

56 · 허리와 엉덩이

58 · 다리와 발

60 · 고관절과 무릎관절

62 · 발목과 발

64 · 찾아보기

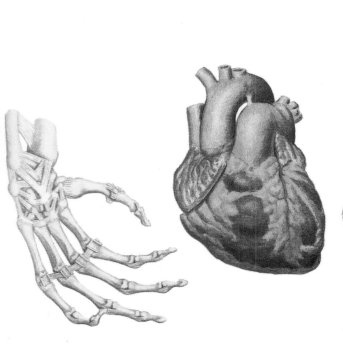
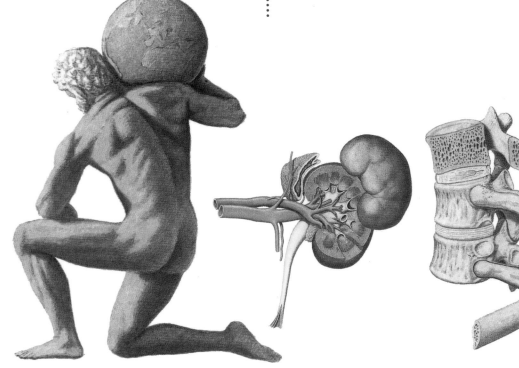

인체 탐험을 위한 가이드
Mapping the Human Body

좋아하는 사람을 보면 심장이 쿵쾅쿵쾅 얼굴이 빨개지고, 먼지라도 휭 한번 불면 쿨럭쿨럭 기침을 하고, 밥 먹을 때 되면 어느새 배에서 꼬르륵 소리가 나는 건 왜일까? 실감나는 그림, 사진 자료와 함께 인체를 자세히 설명하고 있는 이 책을 보며 답을 찾아보자. 우리 몸에서 어떤 일이 일어나고 있는지, 몸속 기관들이 어떻게 생겼으며 어떤 일을 하는지 각자 자신의 몸을 만지고 움직이면서 알아보자.

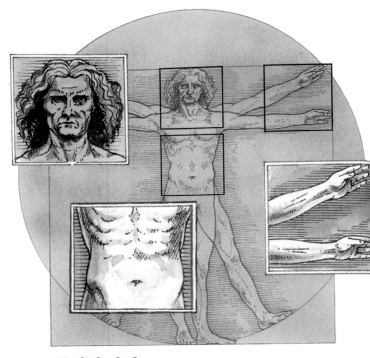

부위별 탐험
인체를 주요 부위별로 나누어 설명했다.

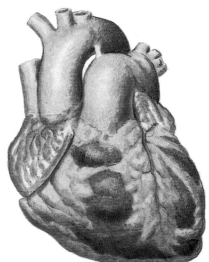

겉과 속 탐험
각 기관의 겉과 속, 그리고 앞뒤 모습 등의 사실적인 그림으로 이해를 돕는다. 왼쪽 그림은 심장의 겉모습인데, 심막(심장 막)과 주요 혈관이 둘러싸고 있다.

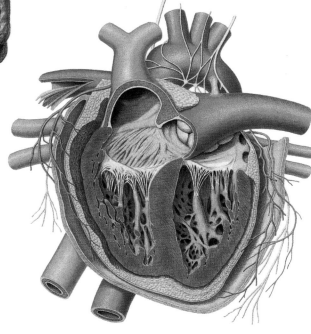

오른쪽 그림은 심장 내부의 심방, 심실, 판막, 근육 등 이다. 동맥과 정맥, 신경 은 쉽게 구분할 수 있도록 색을 달리했다.

우리 몸을 구성하는 내부의 층 탐험
몸 바깥쪽에 피부, 근육이 있고, 뼈 안에 뇌, 폐(허파), 심장, 간, 위, 장(창자) 등 주요 기관이 있다. 미로처럼 구불구불하게 뻗어 있는 혈관과 신경은 손과 발까지 퍼져 있다. 보다 깊은 곳에는 튼튼한 골격을 이루는 뼈들이 있어 몸을 지탱하고 움직이게 한다.

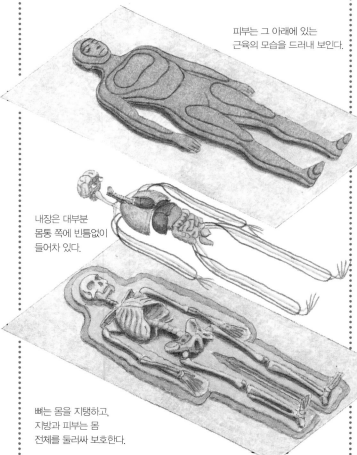

피부는 그 아래에 있는 근육의 모습을 드러내 보인다.

내장은 대부분 몸통 쪽에 빈틈없이 들어차 있다.

뼈는 몸을 지탱하고, 지방과 피부는 몸 전체를 둘러싸 보호한다.

맨눈으로 볼 수 없는 곳은
컴퓨터 단층 촬영, 컬러 엑스선 촬영 등 최신 영상 기술을 사용하여 찍은 자료 사진을 보여준다.

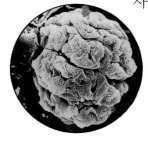

사구체를 찍은 전자 스캐닝 사진 사구체는 신장(콩팥) 부위의 모세 혈관이 뭉쳐 있는 것이다.

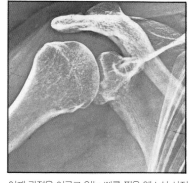

어깨 관절을 이루고 있는 뼈를 찍은 엑스선 사진 위팔뼈의 둥근 끝이 어깨뼈의 오목한 부분에 맞추어져 있다.

각각 다른 색으로

몸의 각 부위는 다른 빛깔로 나타냈다.
근육은 줄무늬가 있는 갈색, 뼈는 크림색,
신경과 지방은 노란색, 힘줄은 흰색이다.
폐와 탯줄의 경우만 빼고 동맥은 붉은색,
정맥은 푸른색으로 나타냈다.

주변 부위

주변 부위는 주요한 부위의
이름을 따르는 경우가 많다.
자뼈 신경과 자뼈 근육은
자뼈 주위에 있다.

같은 곳, 다른 이름

어깨뼈와 견갑골은 같을까, 다를까?
액와는 어디를 가리킬까?
이 책은 일상용어와 전문용어를
함께 표기했다.

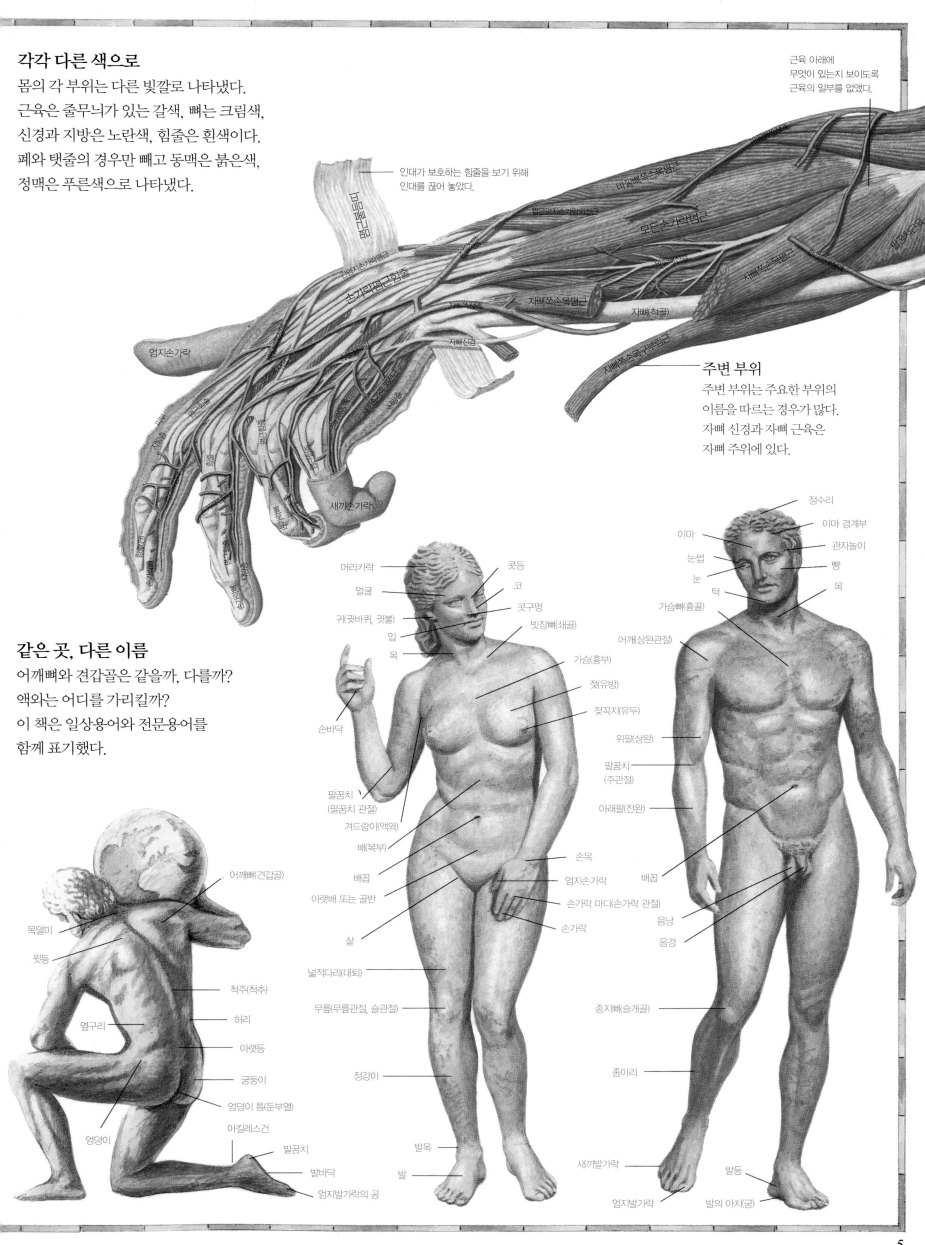

인체의 구조 1 *Body Systems*

세포가 모여 조직을 이루고, 조직이 모여
기관(또는 장기)을 이룬다. 기관이 모인 것을 '체계'
또는 '계'라고 한다.
깜박거리는 눈은 감각계의 중요한 기관이다.
눈을 통해 인지된 정보는 신경계의 중심 기관인 뇌에 보내진다.
이밖에도 심장과 혈관은 혈액을 몸 구석구석에 순환시키는
순환계를 이루고, 폐는 호흡계의 중요한 기관이다.
모든 체계가 각각 맡은 일을 하면서 서로 힘을 합쳐
몸 전체를 효과적으로 유지한다.

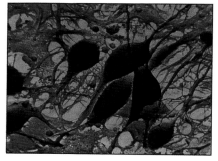

소화계의 기관들은 개구리 알처럼
뱃속에 차곡차곡 들어 있지만,
순환계를 이루는 혈관은
온몸에 퍼져 있다.

신경 세포들이 모여 조직을 만들어 신경계의 기관을
이룬다.(신경세포→조직→신경계의 기관)

세포

세포는 몸을 이루는 기본 단위이다. 50조 개 이상의 세포가 뼈,
근육, 신경, 피부, 혈액, 그 밖의 기관과 조직을 만든다. 세포의 모양,
크기는 신경세포, 지방세포, 혈액세포처럼 활동하는 기관마다 다르다.
아래와 같은 일반적인 모양의 세포는 간 같은 기관에 있다.

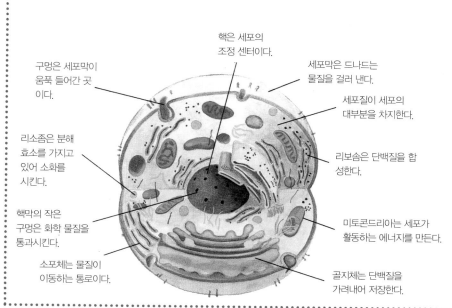

구멍은 세포막이
움푹 들어간 곳
이다.

핵은 세포의
조정 센터이다.

세포막은 드나드는
물질을 걸러 낸다.

세포질이 세포의
대부분을 차지한다.

리소좀은 분해
효소를 가지고
있어 소화를
시킨다.

리보솜은 단백질을 합
성한다.

핵막의 작은
구멍은 화학 물질을
통과시킨다.

미토콘드리아는 세포가
활동하는 에너지를 만든다.

소포체는 물질이
이동하는 통로이다.

골지체는 단백질을
가려내어 저장한다.

골격계

뼈는 몸을 지탱하고, 몸속의 기관들을 보호한다.
머리뼈는 뇌를 보호하고, 갈비뼈는 심장과 폐를
보호한다. 몸에는 약 206개의 뼈가 있는데,
관절이 이 뼈들을 이어준다.

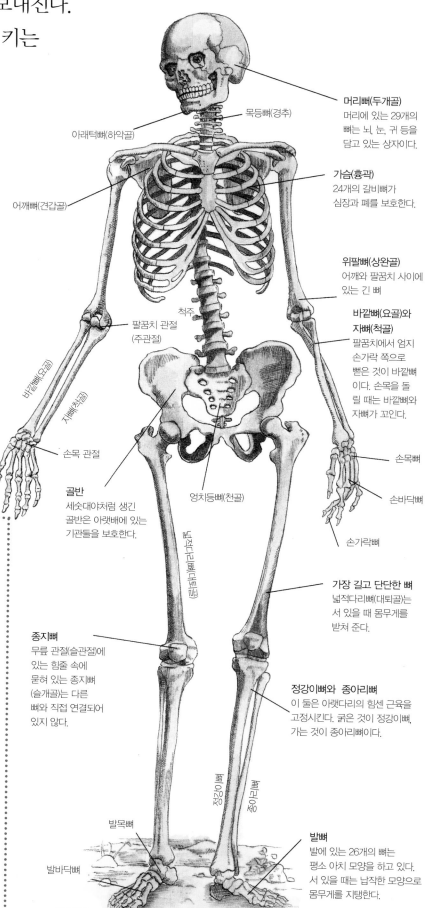

아래턱뼈(하악골)

목등뼈(경추)

머리뼈(두개골)
머리에 있는 29개의
뼈는 뇌, 눈, 귀 등을
담고 있는 상자이다.

가슴(흉곽)
24개의 갈비뼈가
심장과 폐를 보호한다.

어깨뼈(견갑골)

위팔뼈(상완골)
어깨와 팔꿈치 사이에
있는 긴 뼈

바깥뼈(요골)와
자뼈(척골)
팔꿈치에서 엄지
손가락 쪽으로
뻗은 것이 바깥뼈
이다. 손목을 돌
릴 때는 바깥뼈와
자뼈가 꼬인다.

척주

팔꿈치 관절
(주관절)

바깥뼈(요골)

자뼈(척골)

손목 관절

골반
세숫대야처럼 생긴
골반은 아랫배에 있는
기관들을 보호한다.

엉치등뼈(천골)

손목뼈

손바닥뼈

손가락뼈

가장 길고 단단한 뼈
넓적다리뼈(대퇴골)는
서 있을 때 몸무게를
받쳐 준다.

넓적다리뼈(대퇴골)

종지뼈
무릎 관절(슬관절)에
있는 힘줄 속에
묻혀 있는 종지뼈
(슬개골는 다른
뼈와 직접 연결되어
있지 않다.

정강이뼈와 종아리뼈
이 둘은 아랫다리의 힘센 근육을
고정시킨다. 굵은 것이 정강이뼈,
가는 것이 종아리뼈이다.

정강이뼈

종아리뼈

발목뼈

발바닥뼈

발뼈
발에 있는 26개의 뼈는
평소 아치 모양을 하고 있다.
서 있을 때는 납작한 모양으로
몸무게를 지탱한다.

발가락뼈

근육계

600개 이상의 근육이 몸을 움직인다.
근육은 힘줄이라는 질긴 끈으로 뼈나
다른 근육에 붙어 있다. 하지만 심장,
장(창자), 방광 등의 기관은 뼈에 연결되지
않은 자체의 근육을 가지고 있다.

피부계

피부, 털, 손톱, 발톱 등 몸 바깥을 싸고 있는
모든 부분이 피부계이다.
피부 표면은 세포가 죽어서 딱딱해진 것으로
움직일 때, 옷을 입고 벗을 때, 몸을 씻을 때
떨어져 나간다. 피부는 끊임없이 새로운 세포를
만들어 죽어서 떨어져 나간 세포를 보충한다.

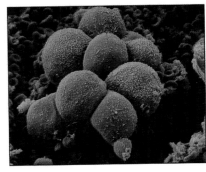

지방세포는 영양결핍 때 에너지로 사용할 수 있는
지방 덩어리를 지닌다.

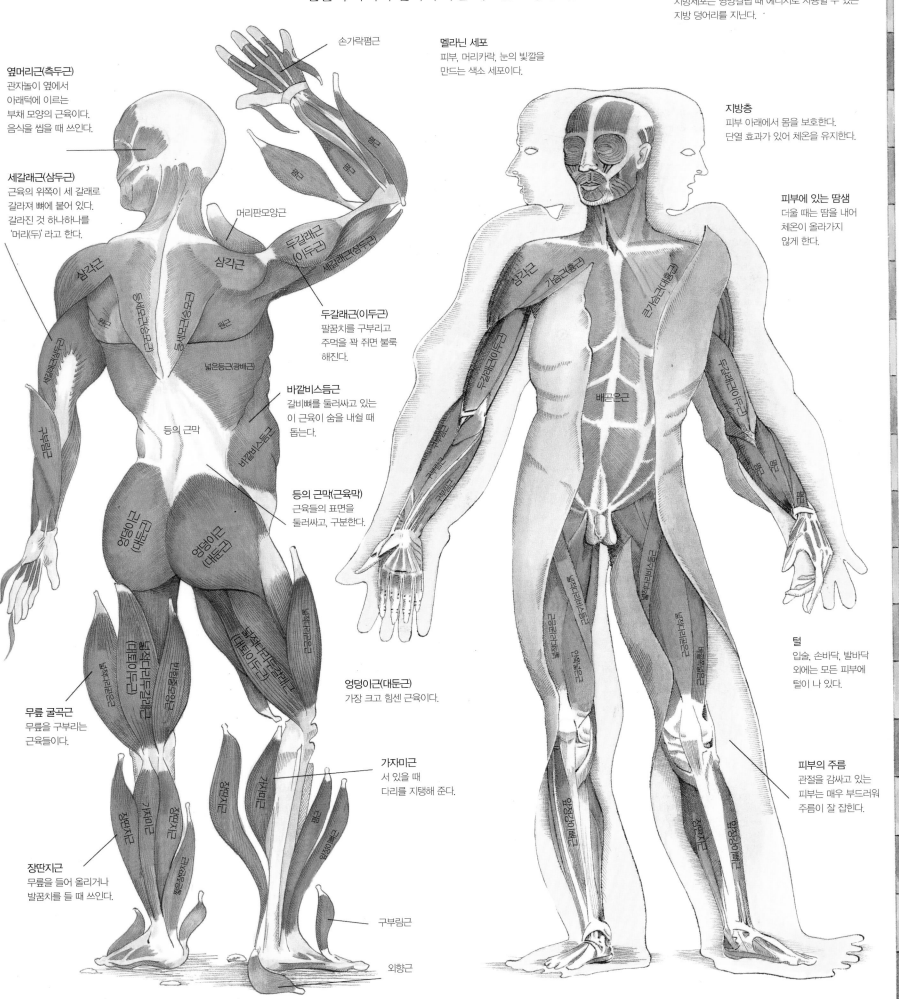

손가락폄근

멜라닌 세포
피부, 머리카락, 눈의 빛깔을
만드는 색소 세포이다.

옆머리근(측두근)
관자놀이 옆에서
아래턱에 이르는
부채 모양의 근육이다.
음식을 씹을 때 쓰인다.

세갈래근(삼두근)
근육의 위쪽이 세 갈래로
갈라져 뼈에 붙어 있다.
갈라진 것 하나하나를
'머리(두)' 라고 한다.

머리판모양근

두갈래근(이두근)

삼각근

세갈래근(삼두근)

두갈래근 (이두근)
팔꿈치를 구부리고
주먹을 꽉 쥐면 불룩
해진다.

바깥비스듬근
갈비뼈를 둘러싸고 있는
이 근육이 숨을 내쉴 때
돕는다.

등의 근막

등의 근막(근육막)
근육들의 표면을
둘러싸고, 구분한다.

넓은등근(광배근)

바깥비스듬근

엉덩이근(대둔근)

엉덩이근(대둔근)

엉덩이근(대둔근)
가장 크고 힘센 근육이다.

무릎 굴곡근
무릎을 구부리는
근육들이다.

가자미근
서 있을 때
다리를 지탱해 준다.

장딴지근
무릎을 들어 올리거나
발꿈치를 들 때 쓰인다.

가자미근

장딴지근

구부림근

외향근

삼각근

가슴근(흉근)

두갈래근(이두근)

배곧은근

두갈래근(이두근)

지방층
피부 아래에서 몸을 보호한다.
단열 효과가 있어 체온을 유지한다.

피부에 있는 땀샘
더울 때는 땀을 내어
체온이 올라가지
않게 한다.

털
입술, 손바닥, 발바닥
외에는 모든 피부에
털이 나 있다.

피부의 주름
관절을 감싸고 있는
피부는 매우 부드러워
주름이 잘 잡힌다.

인체의 구조 2 *Body Systems*

차를 움직이려면 기름이 필요한 것처럼 몸을
움직이기 위해 소화계는 연료를, 호흡계는 산소를
혈액에 공급한다. 순환계와 림프계(임파계)는
이러한 물질을 세포에 운반하고, 노폐물을
배설계에 보낸다. 모든 움직임을 조정하는 것은
신경계와 내분비계이다.

신경계와 내분비계

신경계는 뇌와 온몸을 연결한다. 감각 기관에서
보낸 신호를 지각 신경이 뇌에 전달하면 뇌는
무엇을 어떻게 할지 결정하고, 운동 신경을 통해
근육에 지시한다. 신경계와 밀접하게 연결되어
일하는 내분비계는 호르몬이라는 전달 물
질을 내보내 몸의 활동을 조절하고,
성장 발육을 일으킨다.

첩보 요원들
시각, 청각, 후각, 미각, 촉각, 평형
감각을 맡은 감각 기관들로부터
오는 신호를 통해 뇌는 정보를
얻는다.

순환계
심장에서 산소가 풍부한 혈액이
동맥을 통해 온몸 구석구석 퍼진다.
혈액은 모세혈관을 타고 각 조직에
산소와 영양분을 주고, 조직으로부터
노폐물을 받아들인다. 모세혈관이 모여
정맥이 되고, 정맥은 모세혈관을 지난
혈액을 모아 심장으로 보낸다.

혈액 확대 사진 산소를 운반하는 도넛 모양의
적혈구, 세균과 싸우는 울퉁불퉁한 백혈구가
보인다.

미각

음식을 맛보고, 씹고, 삼키는 혀는 가장 부드러운 근육
이다. 거칠거칠한 표면은 '유두'라는 작은 돌기에 덮여
있으며, 유두 안에 있는 양파 모양의 작은 세포 다발을
'미뢰'라고 한다. 미뢰는 음식의 맛을 구별해 뇌로
신호를 보내는데, 네 가지 기본적인 맛인 단맛, 짠맛,
신맛, 쓴맛만을 느낀다. 우리가 느끼는 여러 가지
맛은 혀로 느끼는 4가지 기본 맛과 후각, 피부 감각 등
이 혼합된 것이다.

허편도와 구개편도에는
세균을 죽이는
세포가 있다.

후두덮개(후두개)는
음식을 삼킬 때
인두를 막는다.

후두덮개(후두개)

입천장편도
(구개편도)

입천장편도
(구개편도)

허편도(설편도)

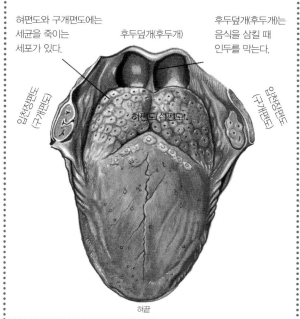

허끝

갑상선(목밑샘)
몸의 성장을
조절한다.

뇌

뇌하수체
뇌 바로 아래에
있으며, 내분비샘을
조절하는 호르몬을
분비한다.

가슴벽신경
(흉벽신경)

척추

이자(췌장)

부신
화가 나거나 무서움을
느끼면 반응하게 하며,
몸의 작용을 활발하게 한다.

허리신경
(요신경)

양쪽 다리뼈신경(좌골신경)

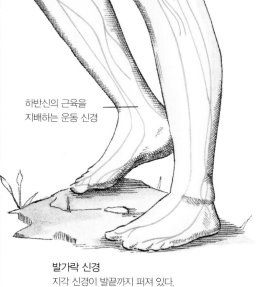

촉각 신호
압력, 뜨거움, 차가움,
아픔 등을 느낄 수 있다.

하반신의 근육을
지배하는 운동 신경

발가락 신경
지각 신경이 발끝까지 퍼져 있다.

목동맥(경동맥)
혈액을 뇌에
보낸다.

대동맥
심장에서 나온
신선한 혈액을
온몸에 보낸다.

목정맥(경정맥)
머리의 혈액을
심장으로 보낸다.

심장
좌우 두 부분으로
나누어진 근육
펌프가 혈액을
온몸에 순환시킨다.

대정맥
사용된 혈액이
대정맥에서
심장으로
돌아간다.

다리로 가는
넓적다리
동맥(대퇴동맥)

종아리 근육의
정맥

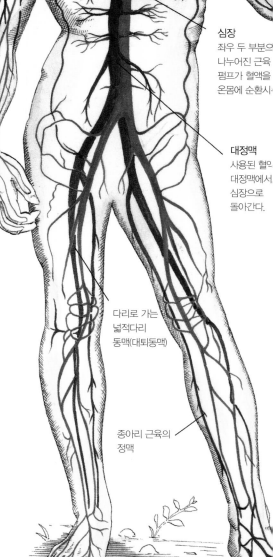

제2의 순환계: 림프계

림프관에 흐르는 우윳빛의 림프액은 온몸에 영양분과 지방을 나르고, 백혈구를 나르기도 한다. 혈액이나 체액에서 만들어지며, 림프관을 타고 흘러 정맥의 혈관에 연결되어 혈액에 흡수된다.

림프절(림프샘)
혈액이 깨끗이 걸러지는 곳이며, 병이 나면 세균과 싸우는 세포가 여기 모인다.

목 림프절
목에 염증이 생기면 백혈구가 모여 병균과 싸우며 멍울이 만져지고 아프다.

가슴샘(흉선)
림프액이 백혈구를 가슴샘으로 운반하면 백혈구는 몸을 지키는 세포로 바뀐다.

샅 림프절
그물처럼 퍼져 있는 하반신의 림프관들로부터 림프액이 흘러든다.

오금 림프절
무릎 뒤쪽에 모여 있으며, 다리와 발로부터 여분의 액체를 모은다.

림프액의 흐름
림프액은 혈액의 압력과 근육의 수축 운동의 힘으로 흐른다.

겨드랑이 림프절

대동맥·장받침뼈 림프절

아랫다리와 발의 림프관

호흡계

호흡계는 공기 속의 산소를 받아들이고 몸속의 이산화탄소를 내뱉는다. 숨을 들이쉬면 공기가 기관을 통해 양쪽 폐에 이른다. 폐는 얇은 막과 넓은 표면적으로 많은 양의 산소를 빨아들여 혈액에 공급하고, 혈액이 실어 온 이산화탄소를 내보낸다.

코
입
목구멍(인두)
후두
기관(숨관)
기관지
오른쪽 폐
가로막(횡격막)
왼쪽 폐
폐 속의 가는 기관지 (세기관지)

소화계

음식물에는 생존과 성장, 건강 유지에 필요한 에너지가 있다. 소화계는 부드러운 야채부터 질긴 고기에 이르기까지 많은 종류의 음식을 받아들여 소화·흡수한다. 음식물을 치아로 자르고 부숴서 삼키면 위는 강력한 소화액을 섞어 죽처럼 만든다. 소장은 음식을 분해하여 영양분을 흡수한다. 대장은 수분을 흡수하고, 노폐물을 항문을 통해 몸 밖으로 내보낸다.

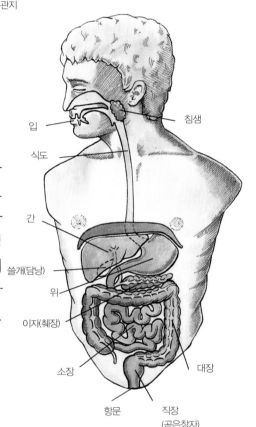

입
침샘
식도
간
쓸개(담낭)
위
이자(췌장)
소장
대장
항문
직장 (곧은창자)

배설계

배설계는 혈액의 노폐물을 몸 밖으로 내보낸다. 두 개의 신장(콩팥)은 혈액 속의 필요 없는 화학 물질과 여분의 수분을 걸러 오줌을 만든다. 오줌은 요관을 지나 방광에 모이고, 방광의 근육이 수축하면 오줌이 요도를 통해 몸 밖으로 나간다.

왼쪽 신동맥
오른쪽 신정맥
오른쪽 신장
아래대정맥
왼쪽 신장
북부대동맥
오줌관(요관)
오줌통(방광)
오줌길(요도)

머리와 목 *The Head & Neck*

두피 아래에 단단한 머리뼈가 있고, 그 속에 신경 중추인 뇌가 있다. 이 주름진 세포 덩어리가 있어 말하고, 생각하고, 냄새 맡고, 소리를 듣고, 맛을 알고, 볼 수 있다. 머리 앞쪽에는 30개쯤 되는 근육이 있어서 눈과 얼굴, 입을 움직인다. 머리의 주요 부분 아래에는 머리를 움직이는 근육, 머리와 심장을 연결하는 혈관이 있다.

급소

사자나 치타 같은 육식 동물은 먹이를 사냥할 때 목의 앞부분을 물어뜯는다. 그러면 뇌로 가는 혈액의 공급이 끊어지고, 상처를 통해 혈액이 흘러나와 먹이가 죽는다. 목에는 좌우에 하나씩 목동맥이 있어 뇌에 혈액을 보낸다. 뇌를 지난 혈액은 안쪽 목정맥을 통해 심장으로 돌아간다. 바깥쪽 목정맥은 얼굴의 근육과 피부를 지난 혈액을 심장으로 보낸다.

얇은 근육

이마에 주름을 잡거나 눈썹을 올릴 때는 머리 앞부분에 있는 전두근이, 머리카락이 난 피부를 움직일 때는 뒷부분에 있는 후두근이 사용된다.

코근

콧구멍을 벌름거릴 때는 옆쪽에 있는 날개 모양의 부분을, 콧등에 주름을 잡을 때는 가로로 비스듬히 있는 부분을 사용한다.

얼굴 정맥

눈 주위를 세게 맞으면 퍼렇게 멍이 든다. 이 부분이 얼굴 정맥이다. 얼굴의 윗부분을 돈 혈액을 심장으로 나르는 이 혈관은 코 옆과 눈 아래를 지난다.

성대

목 앞부분을 살짝 누른 뒤 아아~ 하고 낮게 소리를 내면 떨림을 느낄 수 있다. 이 부분이 성대이다. 얇은 막에 덮인 탄력 있는 두 줄의 인대로 이루어진 성대는 말하거나 노래하는 데 쓰인다. 성대가 있는 곳을 인두라고 하는데, 인두는 연골과 근육으로 이루어졌다. 인두의 근육이 성대를 움직여 성대를 느슨하게 하면 낮은 소리가 나고, 팽팽하게 하면 높은 소리가 난다.

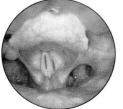

소리를 낼 때는 성대가 죄어진다.

숨을 쉴 때는 성대가 느슨하게 벌어진다.

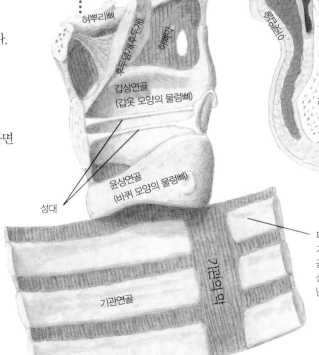

지방층

후두전두근

경막(튼튼한 ···)

거미막

머리뼈

뇌를 덮은 연막(부드러운 막)

얇은 근육

눈둘레근

눈알(안구)

얼굴 정맥

얼굴 동맥

코근(비근)

콧속(비강)

작은뺨근

뺨뼈(협골)

굳은입천장(경구개)

큰뺨근

위턱뼈

윗머리근

혀

입천장

턱끝혀근

아래턱뼈

씹음근(교근, 저···)

허뿌리뼈

허뿌리뼈

후두덮개(후두개)

후두덮개막

갑상연골(갑옷 모양의 물렁뼈)

윤상연골(바퀴 모양의 물렁뼈)

성대

기관연골

기관의 막

아래턱근

목뼈

목근

폐에서 내쉬는 공기는 기관(숨관)을 지난다. 공기가 기관을 지날 때 성대를 진동시켜 소리가 난다.

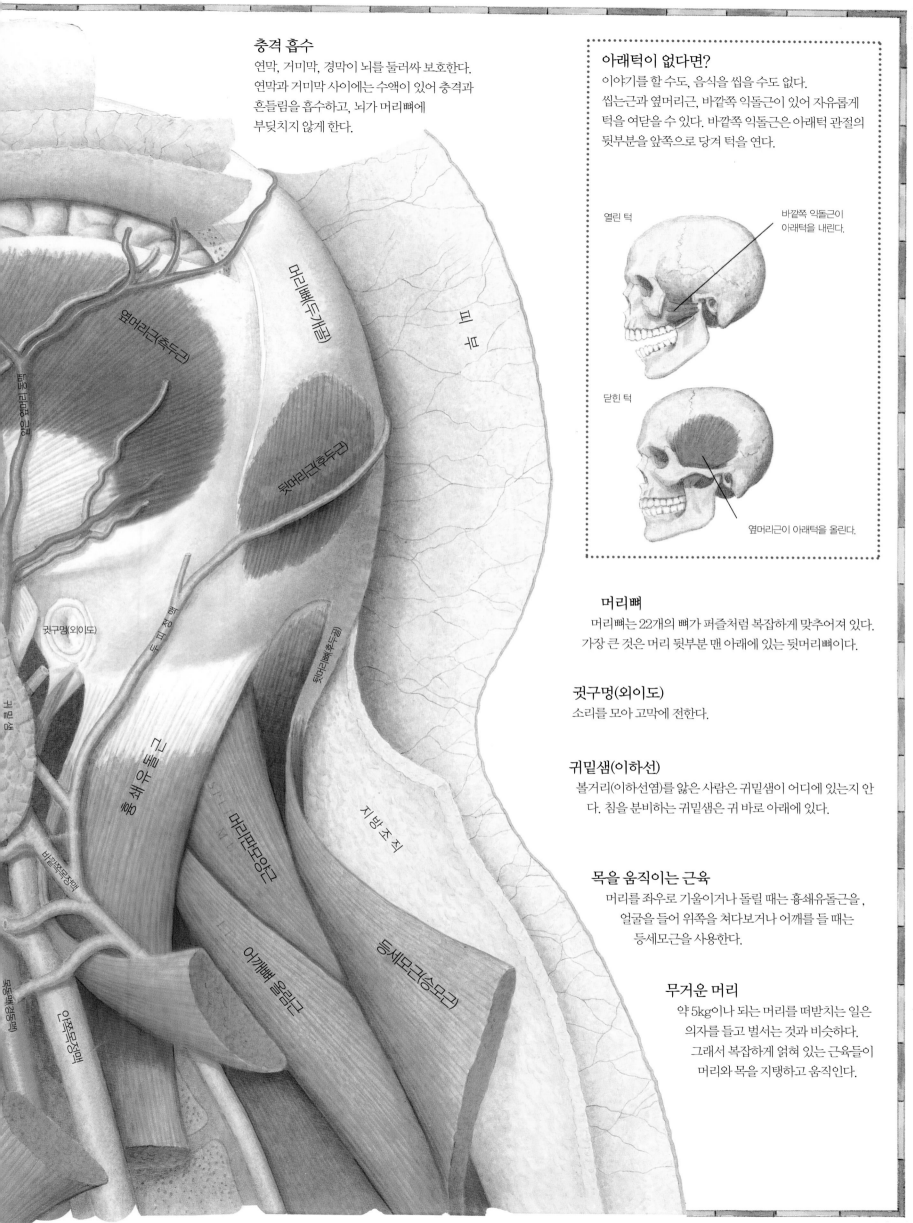

충격 흡수

연막, 거미막, 경막이 뇌를 둘러싸 보호한다. 연막과 거미막 사이에는 수액이 있어 충격과 흔들림을 흡수하고, 뇌가 머리뼈에 부딪치지 않게 한다.

아래턱이 없다면?

이야기를 할 수도, 음식을 씹을 수도 없다. 씹는근과 옆머리근, 바깥쪽 익돌근이 있어 자유롭게 턱을 여닫을 수 있다. 바깥쪽 익돌근은 아래턱 관절의 뒷부분을 앞쪽으로 당겨 턱을 연다.

열린 턱

바깥쪽 익돌근이 아래턱을 내린다.

닫힌 턱

옆머리근이 아래턱을 올린다.

머리뼈(두개골)

옆머리근(측두근)

피 부

관자동맥(측두동맥)

뒷머리근(후두근)

뒷머리뼈(후두골)

귓구멍(외이도)

목빗근 앞 힘줄

귀밑샘

목빗근 뒤 힘줄

바깥쪽목정맥

속목정맥

머리띠근

어깨뼈 올림근

지방 조직

등세모근(승모근)

머리뼈

머리뼈는 22개의 뼈가 퍼즐처럼 복잡하게 맞추어져 있다. 가장 큰 것은 머리 뒷부분 맨 아래에 있는 뒷머리뼈이다.

귓구멍(외이도)

소리를 모아 고막에 전한다.

귀밑샘(이하선)

볼거리(이하선염)를 앓은 사람은 귀밑샘이 어디에 있는지 안다. 침을 분비하는 귀밑샘은 귀 바로 아래에 있다.

목을 움직이는 근육

머리를 좌우로 기울이거나 돌릴 때는 흉쇄유돌근을, 얼굴을 들어 위쪽을 쳐다보거나 어깨를 들 때는 등세모근을 사용한다.

무거운 머리

약 5kg이나 되는 머리를 떠받치는 일은 의자를 들고 벌서는 것과 비슷하다. 그래서 복잡하게 얽혀 있는 근육들이 머리와 목을 지탱하고 움직인다.

두피와 머리뼈 *The Scalp & Skull*

머리뼈는 퍼즐 조각처럼 22개의 뼈가 붙어 이루어졌다. 이 중 8개는 뇌를 둘러싸 보호하고, 아래턱뼈, 눈물뼈 등의 나머지 14개의 뼈는 얼굴의 모양을 이룬다. 두피에는 약 10만 개나 되는 작은 구멍이 있어 그 구멍 속의 털주머니(모낭)에서 머리카락이 생긴다. 얼굴 피부 아래에는 근육, 혈관, 신경, 감각 기관이 단단한 머리뼈 위에 그물처럼 퍼져 있다.

가장 얇은 피부
눈꺼풀을 덮고 있는 피부가 가장 얇다.

퍼즐 조각
머리뼈는 뇌와 주요 감각 기관(눈, 귀, 코 등)을 감싸 보호한다. 옆머리뼈 속에는 속귀의 정밀한 부분이 있고, 코 양쪽 옆의 6개의 뼈는 눈구멍이라는 우묵한 구멍을 만든다. 또한 후각 기관은 두 개의 코뼈 뒤에 있는 콧구멍 속에 있다.

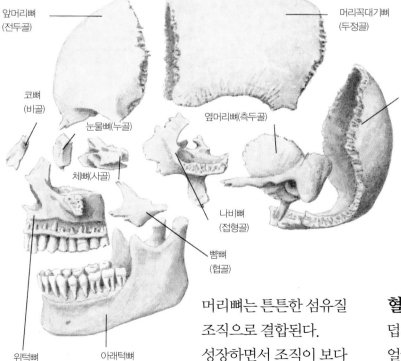

앞머리뼈 (전두골)
머리꼭대기뼈 (두정골)
코뼈 (비골)
눈물뼈(누골)
옆머리뼈(측두골)
뒷머리뼈 (후두골)
체뼈(사골)
나비뼈 (접형골)
뺨뼈 (협골)
위턱뼈 (상악골)
아래턱뼈 (하악골)

옆 머리 근 (측두근)
앞 모리 근 (전두근)
(근끝히)근뻐둘리 근
깊은 옆머리 동맥
얼굴 신경 가지
턱동맥
코뼈
윗 입 술 동 맥
눈 둘 레 근 동 맥
코 근
얼굴 정맥
입 둘 레 근
뺨근(협근)
지방층
아랫 입 술 동 맥
아랫 입 술 정맥
얼 굴 동 맥
턱 끝 동 맥
혀 동 맥

머리뼈는 튼튼한 섬유질 조직으로 결합된다. 성장하면서 조직이 보다 단단해져 움직이지 않게 굳어진다.

혈관
덥거나 당황하면 얼굴이 빨갛게 달아오른다. 얼굴에 있는 혈관들로 피가 몰리기 때문이다. 가는 동맥들이 피부와 근육 사이에 그물처럼 퍼져 있어 얼굴과 두피에 혈액을 공급한다.

피하 지방
피부 아래에 단열 역할을 하는 지방층이 있어 추워도 체온이 내려가는 것을 누그러뜨린다.

머리에 있는 구멍들

얼굴의 근육과 감각 기관에서 나온 신경이 머리뼈에
뚫려 있는 조그만 구멍(눈위구멍 포함)들을 통해 뇌에 이른다.

관 모 양 봉 합

눈위구멍

앞 머 리 뼈
(전두골)

앞머리뼈주름근

눈위 신경

앞머리근
(전두근)

눈알(안구)

모양체신경

코 뼈

눈물샘신경

회 뼈

위 턱 뼈

뺨 뼈 (협 골)

눈둘레근(안륜근)

위 턱 뼈

눈아래 신경

입둘레근

윗 니

아랫 니

얼굴신경볼가지

뺨근 (협근)

이볼근

아 래 턱 뼈

얼굴 신경 아래 턱 가지

씹근(교근)과 관자근

괭이축

치아의 생김새

치아는 눈에 보이는 치관과 턱뼈의
치조 속에 고정되어 있는 치근으로
이루어진다. 치관은 몸에서 가장
단단한 물질인 하얀 에나멜질에
덮여 있다. 에나멜질 아래에는
충격을 완화하는 상아질의 층이
있고, 그 아래에는 영양을
공급하는 혈관과 아픔을
느끼는 신경이 있다.

치관
에나멜질
이골(치수)
상아질
이뿌리
(치근)
신경과
혈관

민감한 피부

얼굴에 바람이 스칠 때, 모기가 앉아 기어 다닐 때
금방 알 수 있다. 얼굴 피부와 두피 곳곳에 신경
이 퍼져 있어 매우 민감하기 때문이다. 바람이
불면 얼굴에 난 털을 움직여 이 느낌을 털주머
니(모낭) 주위에 있는 신경이 뇌에 전한다.

표정을 짓게 하는 근육

미소 짓는 표정부터 잔뜩 찡그린 표정까지
얼굴 표정은 다양하다. 30개 정도 되는 근육
이 표정을 짓게 하고, 얼굴 신경의 가지들이
움직임을 조절한다. 표정이 없을 때도 얼
굴을 일정하게 유지하기 위해 근육은
계속 일한다.

코뿌리 근육은
눈썹을 아래로
당겨 모은다.

큰뺨뼈근은 입을
끌어 올린다.

입둘레근은 입술을 잡아
당겨 이가 드러나게 한다.

미소 지은 얼굴

눈썹주름근은 눈썹과
이마에 주름을 만든다.

눈둘레근은 눈을
가늘게 한다.

찡그린 얼굴

입가

6개의 근육이 입가에
모여 있다. 근육의 끝은
질긴 섬유로 연결되어
달팽이축이라는 근육
연결부에 붙어 있다.

젖니와 간니

만 여섯 살 전까지는 젖니(유치)
20개가 있다. 10년에 걸쳐 젖니가
모두 빠지고 32개의 간니(영구치)로
바뀐다.

입을 움직이는 근육

말하거나 음식물을 씹을 때
씹는근과 뺨근을 사용한다.
부드러운 근육인 혀도 함께
사용한다.

13

뇌 *The Brain*

뇌는 행동을 조절하고, 생각하고 배우는 능력을 주는 신경 중추이다.

무게는 1.3kg 정도이며, 단단한 젤리 형태로 굳어 있고, 주름이 많다.

뇌의 10분의 9를 차지하는 대뇌는 사고, 감각, 감정 등을 담당하며, 가운데 홈을 기준으로 좌우 반구로 나누어 각각 대뇌 반구라고 한다. 이 두 개의 반구는 뇌량이라는 신경 다발로 연결된다. 나머지 10분의 1은 대뇌 아래에 있는 소뇌, 뇌교, 연수가 차지한다. 세 가지 모두 척수에 연결된다.

뇌엽

두 개의 대뇌 반구는 다섯 개의 주요 부분(엽)으로 나뉜다. 앞에서부터 전두엽 전부, 전두엽, 머리꼭대기에 있는 두정엽, 옆머리에 있는 측두엽, 뒷머리에 있는 후두엽이다. 엽은 각각 기능을 맡는데, 함께 맡는 기능도 있다.

머리힘줄

전두동

전두동

감기에 걸리면 코가 맹맹하다. 전두동에 점액이 가득 차기 때문이다. 두꺼운 머리뼈 속에 있는 전두동은 공기가 들어 있는 구멍으로, 콧속과 통한다.

콧 속 (비 강)

신경 중추

척수는 중추신경계를 구성하는 신경세포 집합체이다. 뇌는 척수를 통해 지각 신호를 받아들이고 운동 신호를 보낸다. 뇌에서 나와 머리와 목에 갈라진 12쌍의 뇌신경은 하는 일이 각각 다르다. 첫째 뇌신경은 후각을 담당하는 후신경, 둘째 뇌신경은 시각을 담당하는 시신경, 다섯째 뇌신경은 얼굴, 두피, 코, 입, 치아를 담당하는 삼차 신경이다.

시신경   뇌실   대뇌   소뇌   척수

시신경이 나뉘고 교차하고 다시 결합하는 곳이다.

시 신 경 교 차

뇌하수체 줄기는 뇌하수체와 시상하부를 연결한다.

전엽은 호르몬을 만든다.

뇌하수체 줄기 속의 혈관은 호르몬과 화학 물질을 뇌하수체에 출입시킨다.

뇌하수체의 후엽은 호르몬을 만들고 저장한다.

회백질

무언가를 생각할 때 사용되는 대뇌 피질은 감각 기관에서 온 신호를 분석한다. 가장 바깥쪽 층은 두께 3mm의 회백질로, 신경세포들과 거기에서 나온 가지들로 이루어진다. 그 아래에는 긴 신경 섬유 다발로 된 백질이 있어 뇌의 각 부분을 연결시킨다.

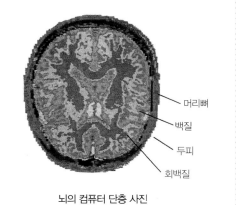

머리뼈
백질
두피
회백질

뇌의 컴퓨터 단층 사진

신경과 호르몬

뇌하수체는 성장을 조절하는 호르몬을 만든다. 다른 내분비선과 기관의 활동을 조절하는 호르몬을 만들기도 하는 뇌하수체는 시상하부에서 나오는 화학 물질의 지배를 받는다. 시상하부는 몸속의 호르몬과 화학 물질의 양을 감시하고 조절하는 신경망이다.

대뇌의 기능

뇌는 구역마다 하는 일이 다르다. 감각 중추는 감각 기관으로부터 오는 신경 신호를 받는다. 근육에 신호를 보내는 몸 운동 중추는 혀, 입술, 얼굴, 손가락, 그 밖의 다른 부위를 세분하여 조절한다.

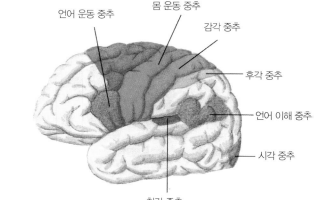

언어 운동 중추   몸 운동 중추   감각 중추   후각 중추   언어 이해 중추   시각 중추   청각 중추

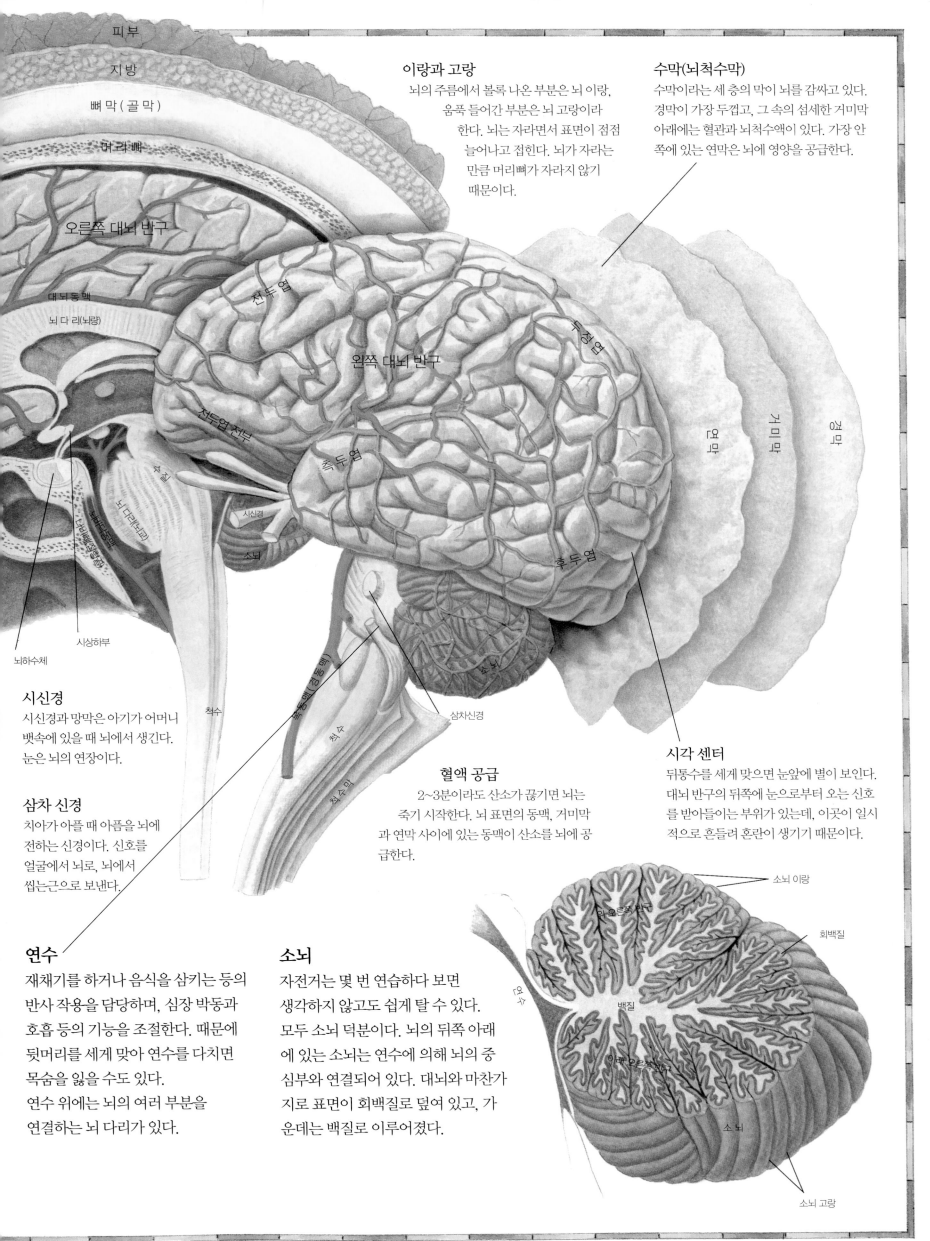

이랑과 고랑
뇌의 주름에서 볼록 나온 부분은 뇌 이랑, 움푹 들어간 부분은 뇌 고랑이라 한다. 뇌는 자라면서 표면이 점점 늘어나고 접힌다. 뇌가 자라는 만큼 머리뼈가 자라지 않기 때문이다.

수막(뇌척수막)
수막이라는 세 층의 막이 뇌를 감싸고 있다. 경막이 가장 두껍고, 그 속의 섬세한 거미막 아래에는 혈관과 뇌척수액이 있다. 가장 안쪽에 있는 연막은 뇌에 영양을 공급한다.

피부
지방
뼈 막 (골 막)
머 리 뼈
오른쪽 대뇌 반구
대 뇌 동 맥
뇌 다 리(뇌량)
전 두 엽
왼쪽 대뇌 반구
전두엽 전부
측 두 엽
두 정 엽
후 두 엽
연 막
거 미 막
경 막
시상하부
뇌하수체
척수
시신경
소뇌
시신경
척 수
뒤 통 뼈(경 돌 기)
삼차신경
소 뇌
척 수 막

시신경
시신경과 망막은 아기가 어머니 뱃속에 있을 때 뇌에서 생긴다. 눈은 뇌의 연장이다.

삼차 신경
치아가 아플 때 아픔을 뇌에 전하는 신경이다. 신호를 얼굴에서 뇌로, 뇌에서 씹는근으로 보낸다.

혈액 공급
2~3분이라도 산소가 끊기면 뇌는 죽기 시작한다. 뇌 표면의 동맥, 거미막과 연막 사이에 있는 동맥이 산소를 뇌에 공급한다.

시각 센터
뒤통수를 세게 맞으면 눈앞에 별이 보인다. 대뇌 반구의 뒤쪽에 눈으로부터 오는 신호를 받아들이는 부위가 있는데, 이곳이 일시적으로 흔들려 혼란이 생기기 때문이다.

연수
재채기를 하거나 음식을 삼키는 등의 반사 작용을 담당하며, 심장 박동과 호흡 등의 기능을 조절한다. 때문에 뒷머리를 세게 맞아 연수를 다치면 목숨을 잃을 수도 있다.
연수 위에는 뇌의 여러 부분을 연결하는 뇌 다리가 있다.

소뇌
자전거는 몇 번 연습하다 보면 생각하지 않고도 쉽게 탈 수 있다. 모두 소뇌 덕분이다. 뇌의 뒤쪽 아래에 있는 소뇌는 연수에 의해 뇌의 중심부와 연결되어 있다. 대뇌와 마찬가지로 표면이 회백질로 덮여 있고, 가운데는 백질로 이루어졌다.

소뇌 이랑
위 오른쪽 반구
회백질
척 수
백질
아래 오른쪽 반구
소뇌
소뇌 고랑

눈 *The Eye*

머리뼈의 오목한 구멍과 눈꺼풀이 지름 25mm 정도의 눈알을 보호한다. 눈을 깜박일 때마다 눈물이 눈알을 씻어 내고, 축축하고 투명한 결막도 눈의 움직임을 부드럽게 한다. 공막(각막에 연결되어 눈알의 6분의 5를 싸고 있는 질기고 하얀 막) 안쪽에 혈액이 많은 맥락막이 있어 눈의 다른 막에 영양을 공급한다. 맥락막 안쪽 망막에 있는 1억 3천만 개의 세포가 빛을 모아 상을 맺는다.

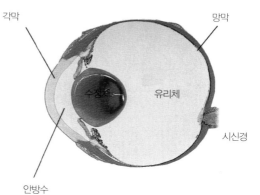

각막 망막 수정체 유리체 안방수 시신경

눈 단면도

빛이 이르는 길

빛을 느끼는 망막은 매우 얇아서 현미경으로 보아야 한다. 유리체는 노란색을 띤 젤리처럼 생겼는데, 빛이 이곳을 지나 망막에 이른다.

눈동자

눈조리개(홍채) 한가운데에 있는 눈동자(동공)는 어두우면 커져서 빛을 받아들이고, 밝으면 작아져서 눈 깊은 곳에 있는 신경세포를 보호한다. 의사는 검안경이라는 기구로 눈동자 속에 있는 혈관이 퍼진 망막과 시신경 유두를 들여다 볼 수 있다. 시신경이 모이는 점인 시신경 유두는 빛을 느끼는 신경세포가 없어서 맹점이라고 한다.

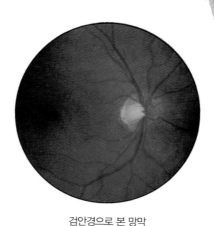

검안경으로 본 망막

앞머리구멍(전두골)

앞머리뼈(전두골) 지방층

눈물샘

공막

맥락막

눈조리개(홍채)

눈동자(동공)

안방수

각막

결막

털모양근은 수정체의 모양을 바꾼다.

털모양근(모양체근)

털모양띠(코모양근)

수정체

눈조리개(홍채)

털 모양의 작은 인대는 수정체를 제자리에 있도록 붙잡는다.

부드럽고 투명한 수정체는 단백질 층으로 이루어진다.

수정체의 중심

눈조리개 주름

모양체 돌기는 안방수를 만들고 수정체를 지탱한다.

털모양근(모양체근)

맥락막

털모양근

눈의 모습

눈알을 덮고 있는 결막 아래에는 돔 모양의 투명한 각막이 있다. 빛을 모으는 각막을 뒤쪽에 있는 안방수(눈알 속에 있는 물)가 떠받치고 있다. 각막 뒤에는 그물 모양의 근육인 눈조리개가 있어 눈동자의 크기를 조절한다. 눈조리개에는 눈의 빛깔을 결정하는 색소가 있고, 눈조리개 뒤에는 수정체와 털모양근이 있다.

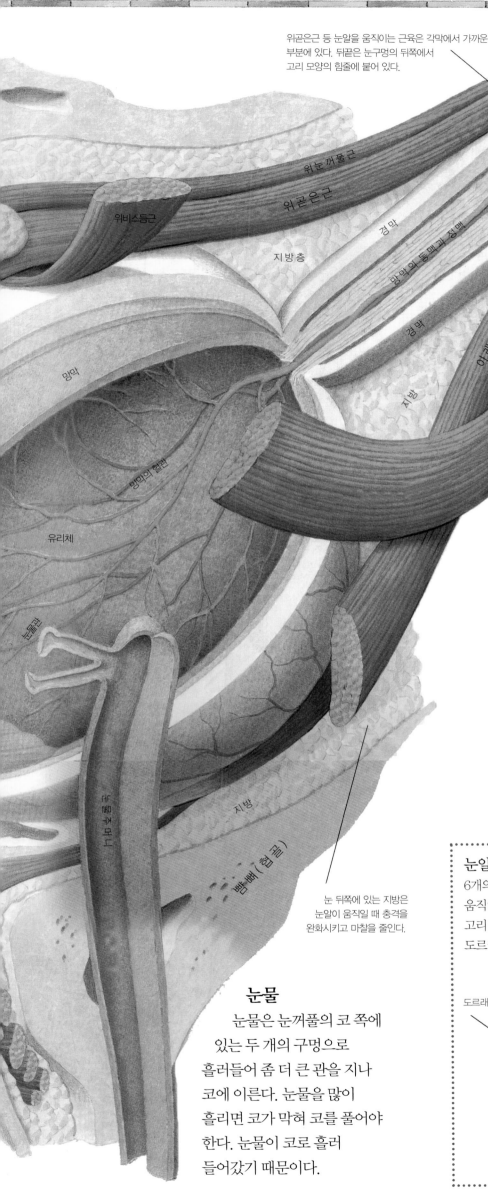

위곧은근 등 눈알을 움직이는 근육은 각막에서 가까운 부분에 있다. 뒤끝은 눈구멍의 뒤쪽에서 고리 모양의 힘줄에 붙어 있다.

시신경은 뇌로 통한다.

위눈꺼풀근

위곧은근

위비스듬근

경막

지방층

망막의 동맥과 정맥

경막

망막

아래곧은근

바깥쪽곧은근

지방

망막의 혈관

유리체

눈물관

눈물주머니

빰뼈(협골)

지방

눈 뒤쪽에 있는 지방은 눈알이 움직일 때 충격을 완화시키고 마찰을 줄인다.

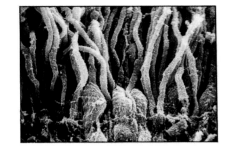

망막에 있는 신경 세포인 막대 모양 세포와 원뿔 모양 세포를 1,500배 확대해 찍었다.

막대 모양 세포(간상세포)와 원뿔 모양 세포(원추세포)

망막에는 약 1억 2천만 개의 간상세포와 7백만 개의 원추세포가 있다. 간상세포는 빛이 약할 때 활동하며, 밝음과 어두움을 구별한다. 원추세포는 밝을 때 활동하며, 빛깔을 구별한다.

시신경

망막에는 물체의 상이 거꾸로 맺힌다. 이 상은 신경 신호로 바뀌어 시신경을 따라가고, 시신경은 이 신호를 뇌의 뒷부분에 있는 신경 센터에 전한다. 여기에서 상은 다시 거꾸로 되어 우리가 눈으로 본 모습이 된다.

필요한 비타민

간상세포와 원추세포는 빛을 신경 신호로 바꿀 때 비타민A를 사용한다. 이 비타민은 단백질과 결합하여 간상세포에서는 빛을 느끼는 화학물질을 만들고, 원추세포에서는 빛깔을 구분하는 화학물질을 만든다.

안방수와 유리체

수정체와 각막에 영양분과 산소를 공급하는 안방수는 눈조리개 아래에 있는 모양체 돌기에서 끊임없이 만들어진다. 그래서 적당한 압력이 형성되어 눈 앞부분의 모양을 유지할 수 있다. 태아 때 만들어지는 유리체는 빛을 망막에 전하고, 눈알의 모양을 유지시킨다.

눈물

눈물은 눈꺼풀의 코 쪽에 있는 두 개의 구멍으로 흘러들어 좀 더 큰 관을 지나 코에 이른다. 눈물을 많이 흘리면 코가 막혀 코를 풀어야 한다. 눈물이 코로 흘러 들어갔기 때문이다.

눈알 움직이기

6개의 근육이 눈을 자유롭게 움직인다. 위비스듬근은 연골이 고리 모양으로 이루어진 조그만 도르래에 연결되어 움직이기 때문에 도르래근이라고도 한다. 도르래는 근육이 당기는 방향을 바꾸어 눈을 비스듬한 방향으로 움직이게 한다.

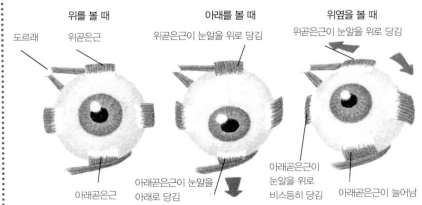

위를 볼 때
도르래
위곧은근
아래곧은근이 눈알을 아래로 당김
아래곧은근

아래를 볼 때
위곧은근이 눈알을 위로 당김
아래곧은근이 눈알을 위로 비스듬히 당김

위옆을 볼 때
위곧은근이 눈알을 위로 당김
아래곧은근이 눈알을 위로 비스듬히 당김
아래곧은근이 늘어남

귀 *Inside the Ear*

귀는 소리를 듣고 몸의 균형을 유지시킨다.
귓바퀴가 우선 소리를 모아 귓구멍(외이도)이라는 S자 모양의
관으로 보내면 소리는 머리뼈 깊은 곳까지 이어져 있는
이 관을 지나 액체가 가득 찬 달팽이관에서 전기적 자극으로
바뀐다. 이 자극은 뇌에 전해져 뇌는 그것을 해석한다.
그리고 달팽이관 옆에는 C자 모양의 반고리관이 셋 있어
몸의 균형을 유지하게 한다.

귀의 주요 부분

귀는 외이, 중이, 내이로 되어 있다. 외이는 머리 옆에
붙어 있는 구부러진 피부, 연골로 된 귓바퀴, 그리고
귓구멍으로 이루어졌다. 귓구멍은 중이에까지 뻗어
있으며, 중이에는 고막과 연결된 세 개의 청소골(듣는
작은 뼈)이 있다. 중이 안쪽에 달팽이관과 반고리관으로
이루어진 내이가 있다.

나팔 모양의
보청기

보청기

옛날에 귀가 나빠서 소리가 잘
들리지 않는 사람들은 나팔 모양
의 보청기를 사용했다. 이 보청
기는 보다 많은 소리를 모아 귓
구멍으로 전달한다.

소리의 전달

공기의 진동(파동)으로 귀에 이른 소리는 아래
그림에 나타나 있는 순서로 전달된다.

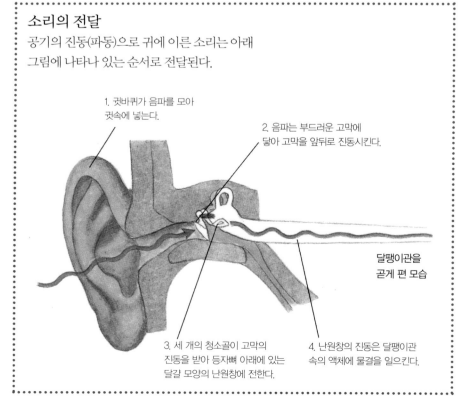

1. 귓바퀴가 음파를 모아
   귓속에 넣는다.

2. 음파는 부드러운 고막에
   닿아 고막을 앞뒤로 진동시킨다.

달팽이관을
곧게 편 모습

3. 세 개의 청소골이 고막의
   진동을 받아 등자뼈 아래에 있는
   달걀 모양의 난원창에 전한다.

4. 난원창의 진동은 달팽이관
   속의 액체에 물결을 일으킨다.

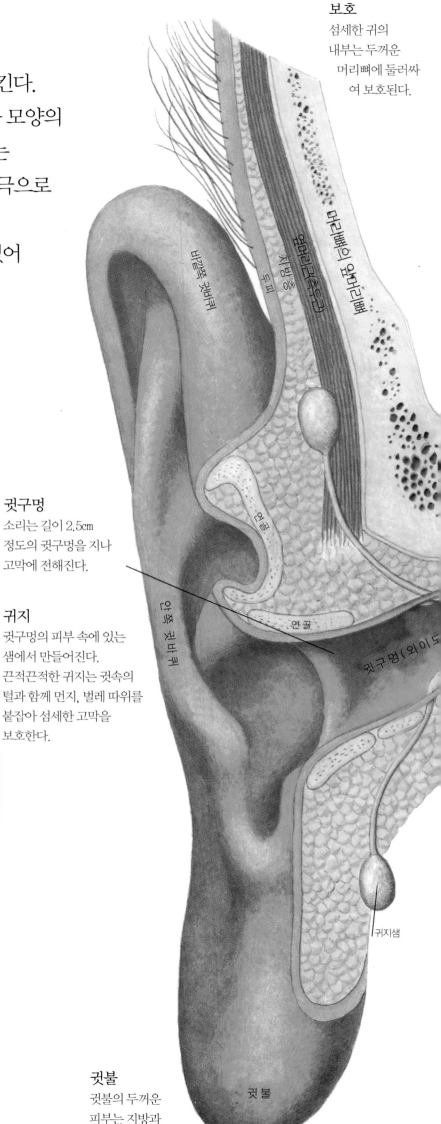

보호
섬세한 귀의
내부는 두꺼운
머리뼈에 둘러싸
여 보호된다.

바깥쪽 귓바퀴
두피
지방 세포
머리뼈의 유양돌기뼈(측두골)

오금

안쪽 귓바퀴

연골

귓구멍
소리는 길이 2.5cm
정도의 귓구멍을 지나
고막에 전해진다.

귀지
귓구멍의 피부 속에 있는
샘에서 만들어진다.
끈적끈적한 귀지는 귓속의
털과 함께 먼지, 벌레 따위를
붙잡아 섬세한 고막을
보호한다.

귓구멍(외이도)

귀지샘

귓불
귓불의 두꺼운
피부는 지방과
결합 조직을 둘러싼다.

귓불

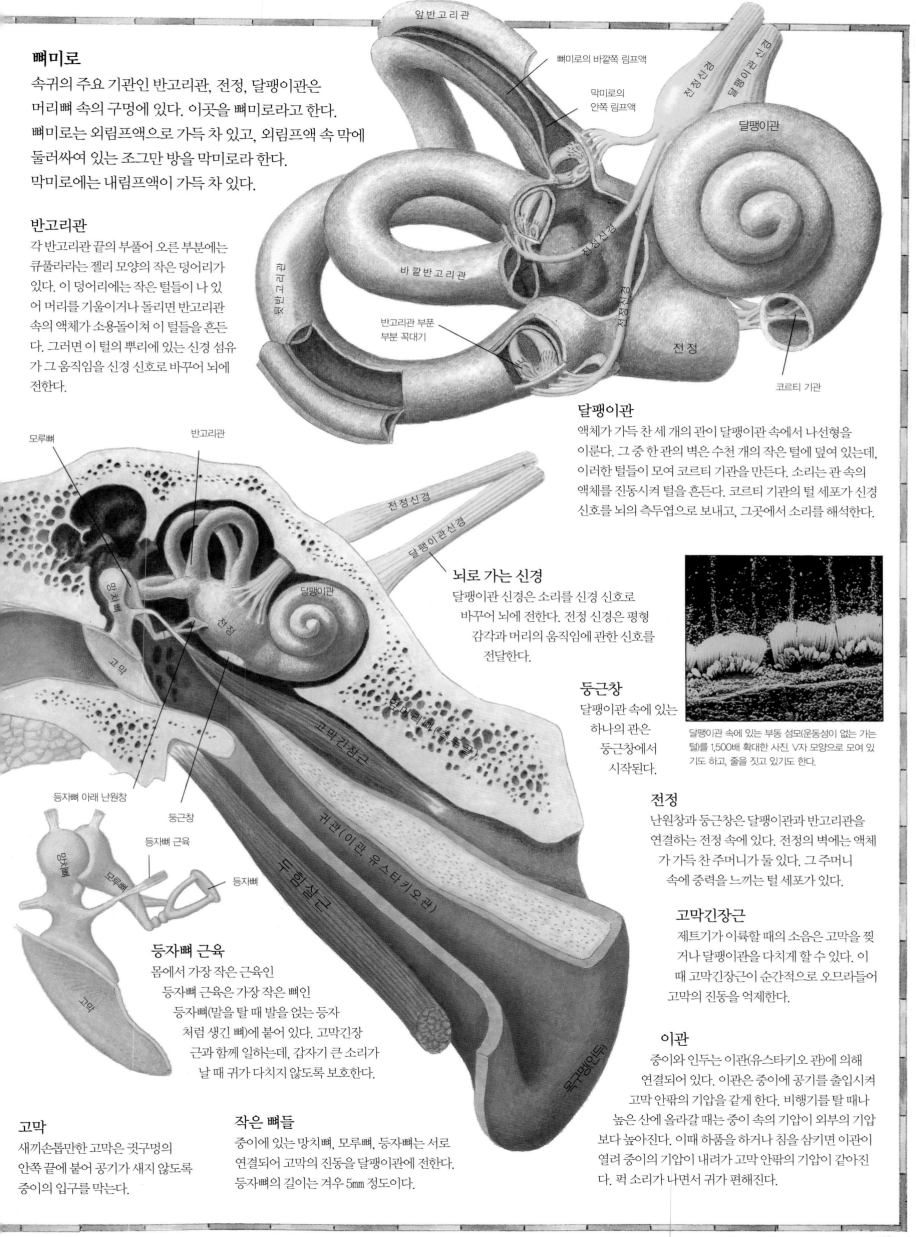

뼈미로

속귀의 주요 기관인 반고리관, 전정, 달팽이관은
머리뼈 속의 구멍에 있다. 이곳을 뼈미로라고 한다.
뼈미로는 외림프액으로 가득 차 있고, 외림프액 속 막에
둘러싸여 있는 조그만 방을 막미로라 한다.
막미로에는 내림프액이 가득 차 있다.

반고리관

각 반고리관 끝의 부풀어 오른 부분에는
큐풀라라는 젤리 모양의 작은 덩어리가
있다. 이 덩어리에는 작은 털들이 나 있
어 머리를 기울이거나 돌리면 반고리관
속의 액체가 소용돌이쳐 이 털들을 흔든
다. 그러면 이 털의 뿌리에 있는 신경 섬유
가 그 움직임을 신경 신호로 바꾸어 뇌에
전한다.

앞반고리관

뼈미로의 바깥쪽 림프액

막미로의 안쪽 림프액

달팽이관

바깥반고리관

뒷반고리관

반고리관 부푼 부분 꼭대기

전정

코르티 기관

달팽이관

액체가 가득 찬 세 개의 관이 달팽이관 속에서 나선형을
이룬다. 그 중 한 관의 벽은 수천 개의 작은 털로 덮여 있는데,
이러한 털들이 모여 코르티 기관을 만든다. 소리는 관 속의
액체를 진동시켜 털을 흔든다. 코르티 기관의 털 세포가 신경
신호를 뇌의 측두엽으로 보내고, 그곳에서 소리를 해석한다.

모루뼈

반고리관

전정신경

달팽이관신경

달팽이관

전정

고막

망치뼈(볼두뼈)

고막긴장근

귀관(이관, 유스타키오관)

뇌로 가는 신경

달팽이관 신경은 소리를 신경 신호로
바꾸어 뇌에 전한다. 전정 신경은 평형
감각과 머리의 움직임에 관한 신호를
전달한다.

둥근창

달팽이관 속에 있는
하나의 관은
둥근창에서
시작된다.

달팽이관 속에 있는 부동 섬모(운동성이 없는 가는
털)를 1,500배 확대한 사진. V자 모양으로 모여 있
기도 하고, 줄을 짓고 있기도 한다.

전정

난원창과 둥근창은 달팽이관과 반고리관을
연결하는 전정 속에 있다. 전정의 벽에는 액체
가 가득 찬 주머니가 둘 있다. 그 주머니
속에 중력을 느끼는 털 세포가 있다.

등자뼈 아래 난원창

등자뼈 근육

둥근창

망치뼈

모루뼈

등자뼈

고막

목구멍안뒤

고막긴장근

제트기가 이륙할 때의 소음은 고막을 찢
거나 달팽이관을 다치게 할 수 있다. 이
때 고막긴장근이 순간적으로 오므라들어
고막의 진동을 억제한다.

등자뼈 근육

몸에서 가장 작은 근육인
등자뼈 근육은 가장 작은 뼈인
등자뼈(말을 탈 때 발을 얹는 등자
처럼 생긴 뼈)에 붙어 있다. 고막긴장
근과 함께 일하는데, 갑자기 큰 소리가
날 때 귀가 다치지 않도록 보호한다.

이관

중이와 인두는 이관(유스타키오 관)에 의해
연결되어 있다. 이관은 중이에 공기를 출입시켜
고막 안팎의 기압을 같게 한다. 비행기를 탈 때나
높은 산에 올라갈 때는 중이 속의 기압이 외부의 기압
보다 높아진다. 이때 하품을 하거나 침을 삼키면 이관이
열려 중이의 기압이 내려가 고막 안팎의 기압이 같아진
다. 펑 소리가 나면서 귀가 편해진다.

고막

새끼손톱만한 고막은 귓구멍의
안쪽 끝에 붙어 공기가 새지 않도록
중이의 입구를 막는다.

작은 뼈들

중이에 있는 망치뼈, 모루뼈, 등자뼈는 서로
연결되어 고막의 진동을 달팽이관에 전한다.
등자뼈의 길이는 겨우 5mm 정도이다.

목 *The Neck*

목은 머리를 받치는 튼튼하고 부드러운
축이다. 머리를 단단히 고정시키거나 목을 움직일 때
목과 척추, 갈비뼈, 어깨뼈에 연결된 근육이 사용된다.
목에는 중요한 세 개의 관이 지나가고 있다.
하나는 중추 신경의 척수가 있는 척주 속에 있고,
다른 하나는 공기를 폐에 출입시키는 기관(숨관)이다.
나머지 하나는 식도이다. 이 관들은 탄력 있고
부드러워 몸의 움직임에 따라 쉽게 구부러진다.
목에는 혈관, 신경, 림프관도 많다.

큰뒷머리구멍
머리뼈를 아래쪽에서 보면 큰 구멍이
있다. 척수가 이 구멍을 통해 뇌의 아랫
부분과 연결된다.

큰 뒷머리구멍

목정맥구멍

목동맥구멍

협골(뺨뼈)

굳은입천장
(경구개)

환추
환추(둥근 모양의 추골)는 척주의 맨
위에 있다. 양쪽의 관절이 미끄러워
머리를 위아래로 움직이게 한다.

축추
환추 바로 아래에 있는 축추에는
치돌기가 있어 환추의 패어 있는 부분에
꼭 들어맞는다. 그래서 머리를 좌우로
돌릴 수 있다.

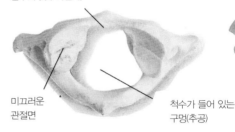

축추의 치돌기가 여기에서
환추에 맞추어진다.

미끄러운
관절면

척수가 들어 있는
구멍(추공)

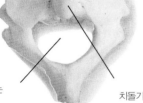

치돌기

목의 근육
좌우 쌍으로 되어 있는 목의 근육들은 머리뼈를
각각 다른 방향으로 잡아당긴다. 위쪽을 볼 때는
목 뒷부분에 있는 근육이 오므라들고, 아래쪽을
볼 때는 목 앞부분에 있는 근육이 오므라든다.
목 둘레에 비스듬히 붙어 있는 다른 근육들은
머리뼈의 방향을 바꾸는 일을 한다.
머리를 똑바로 세울 때는 서로 대칭되는 근육
들이 같은 힘으로 긴장해야 한다. 그림에서
보이는 두 개의 머리판모양근은 머리뼈의
아랫부분과 척추를 연결시킨다. 얼굴의
방향을 바꿀 때나 머리를 좌우로 기울일 때
사용한다.

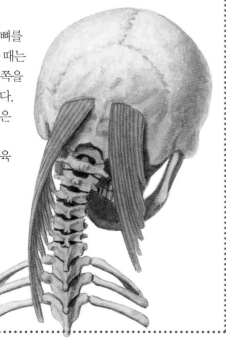

어깨뼈올림근
어깨에 물건을 지고 갈 때 긴장하여
뻣뻣해지는 이 근육의 위 끝은 환추, 축추,
그 밖의 목등뼈에 붙어 있고, 아래 끝은
어깨뼈에 붙어 있다.

추골(등골뼈)
대부분의 추골에는 가로돌기 두 개가 양쪽에 하나씩
있으며, 돌기에는 척추의 근육이 붙어 있다.

척수신경
척주 속에 있는 척수로부터 32쌍의 척수 신경이 나와 있다.

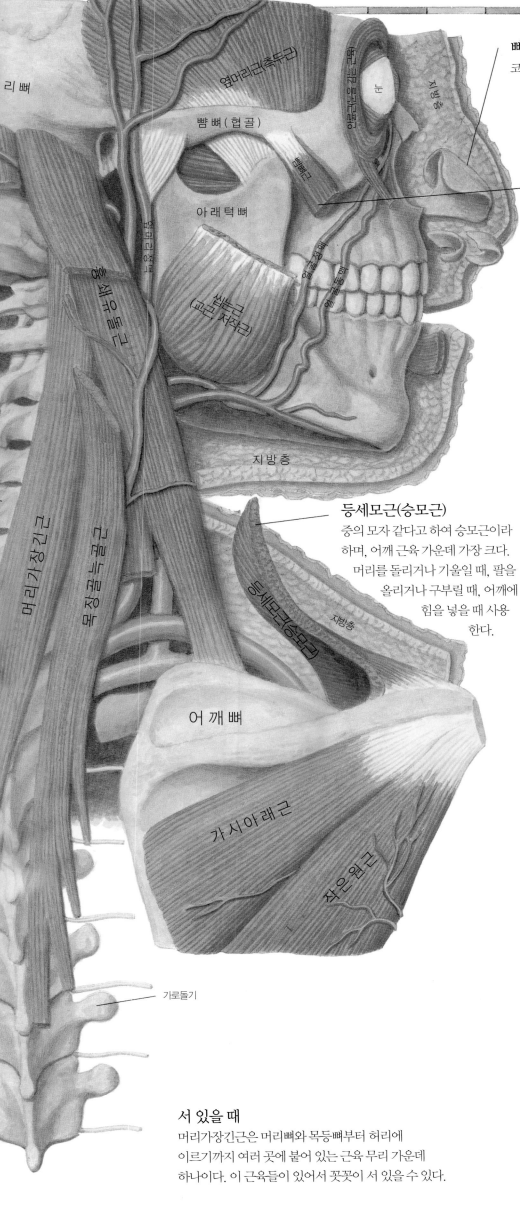

…리 뼈

옆머리근(측두근)

눈

지방층

빰 뼈 (협 골)

빰패근

아 래 턱 뼈

씹는근
(교근, 저작근)

얼굴동맥(안면동맥)

혀밑샘

머리가장긴근

목장늘목근

등세모근(승모근)

등세모근(승모근)

지방층

어 깨 뼈

가 시 아 래 근

작은원근

가로돌기

지방층

뼈가 없는 코?
코 앞부분에는 뼈가 없다. 9개의 연골(물렁뼈)이 코의 모양을
유지하고 있으며, 연골들은 서로 붙어 머리뼈와 연결되어
있다. 이 중 하나는 두 콧구멍 사이의 벽을 이루고 있다.

빰에 있는 근육
호호 하고 웃을 때 사용하는 큰빰뼈근은 입의 가장자리와
빰뼈를 이어준다. 싱글벙글 웃을 때는 큰빰뼈근이 다른
근육과 함께 윗입술을 들어 올려 치아를 드러낸다.

식도와 기관(숨관)
공기는 콧구멍이나 입을 거쳐 몸속으로 들어가지만, 음식물은 입
만을 거쳐 들어간다. 콧속과 입속은 혀의 뒤쪽에서 만나 인두를
이룬다. 인두 아래에서 다시 갈라져 음식물은 식도로
가고, 공기는 기관으로 간다. 기관이 시작되는 부분이 후두이다.

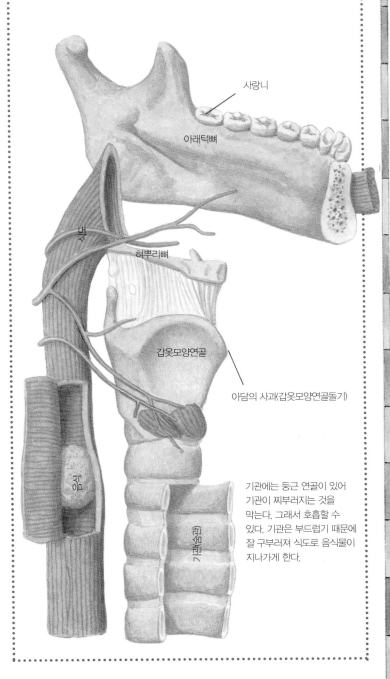

사랑니

아래턱뼈

혀뿌리뼈

혀

갑옷모양연골

아담의 사과(갑옷모양연골돌기)

식도

기관(숨관)

기관에는 둥근 연골이 있어
기관이 찌부러지는 것을
막는다. 그래서 호흡할 수
있다. 기관은 부드럽기 때문에
잘 구부러져 식도로 음식물이
지나가게 한다.

등세모근(승모근)
중의 모자 같다고 하여 승모근이라
하며, 어깨 근육 가운데 가장 크다.
머리를 돌리거나 기울일 때, 팔을
올리거나 구부릴 때, 어깨에
힘을 넣을 때 사용
한다.

서 있을 때
머리가장긴근은 머리뼈와 목등뼈부터 허리에
이르기까지 여러 곳에 붙어 있는 근육 무리 가운데
하나이다. 이 근육들이 있어서 꼿꼿이 서 있을 수 있다.

식도
음식물을 삼키면 식도의 안벽에 있는 둥근 근육들이 차례로 수축한다.
수축하는 힘이 물결치듯 이어져 음식물을 1초에 3~5㎝ 정도 속도로
밀어 내린다. 인두에 이르면 판 모양의 근육이 기관의 입구를 막아
음식물이 기관으로 들어가는 것을 막는다. 사례가 들렸다는 것은
음식물이 기관으로 잘못 들어가 재채기처럼 공기를 뿜어 음식물을
기관 밖으로 밀어 내는 것이다.

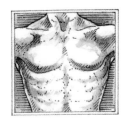

가슴 *The Upper Torso*

넓은 근육들이 가슴 뼈대를 덮고 있고, 앞쪽에 있는 가슴뼈와 뒤쪽에 있는 척주가 수직으로 뻗어 새장 모양의 가슴 뼈대를 튼튼하게 지탱한다. 갈비뼈, 가슴뼈, 척주 사이에는 연결 부분이 있어 가슴을 어느 정도 움직이게 한다. 그래서 숨을 쉴 때 폐가 늘어나고 줄어든다. 폐 바로 아래에는 얇지만 튼튼한 근육인 가로막이 있다. 가슴 속에는 폐와 심장이 있어 신선한 혈액을 온몸에 공급한다.

부드러운 가슴

섬세한 기관들을 보호하는 가슴은 튼튼할 뿐만 아니라 숨을 쉴 때 부풀었다 오므라들었다 할 수 있도록 부드럽다. 빗장뼈에 붙어 있는 얇은 근육 층이 갈비뼈를 들어 올리고 내리는데, 숨을 들이 쉴 때는 오므라들어 가슴 속을 넓히고 내쉴 때는 느슨해져 가슴 속을 좁힌다.

젖샘방

젖샘방에서 분비되는 젖은 영양분이 풍부할 뿐만 아니라 면역성분도 포함되어 있다.

젖관

아기가 젖꼭지를 빨면 젖샘에서 생긴 젖이 젖관을 통해 나온다.

젖샘

어린이와 남자의 젖샘은 발달되지 않는다. 여자의 젖샘은 아기를 낳으면 활발하게 활동하여 젖을 분비한다. 젖은 젖관을 통해 젖꼭지에 있는 작은 구멍으로 보내진다.

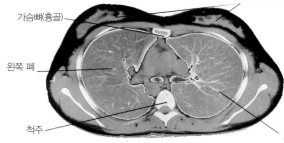

컴퓨터 단층 촬영에 의한 가슴의 단면

(단면 라벨: 젖샘(유선), 가슴뼈(흉골), 왼쪽 폐, 척주, 오른쪽 폐)

(그림 라벨: 림프관, 큰가슴근(대흉근), 팔, 삼각근, 가로막이인대, 큰가슴근(대흉근), 팔, 피부, 지방층, 빗장뼈(쇄골), 심장, 젖꽃판(유륜), 젖꼭지(유두), 지방조직, 피부, 일곱째 갈비뼈, 여덟째 갈비뼈, 아홉째 갈비뼈, 열째 갈비뼈, 열한째 갈비뼈)

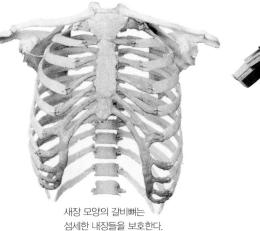

부드러운 새장

가슴(흉곽)은 12쌍의 갈비뼈로 이루어졌다. 갈비뼈는 척주에 연결되어 있으며, 아래쪽으로 휘어져 내려갔다가 다시 올라가 가슴뼈로 향한다. 가슴뼈에는 물렁뼈가 있어 갈비뼈와 가슴뼈를 연결한다. 탄력 있고 튼튼한 막대 모양의 물렁뼈는 가슴 전체를 부드럽게 한다.

새장 모양의 갈비뼈는 섬세한 내장들을 보호한다.

갑옷은 갈비뼈 모양을 본떴다.

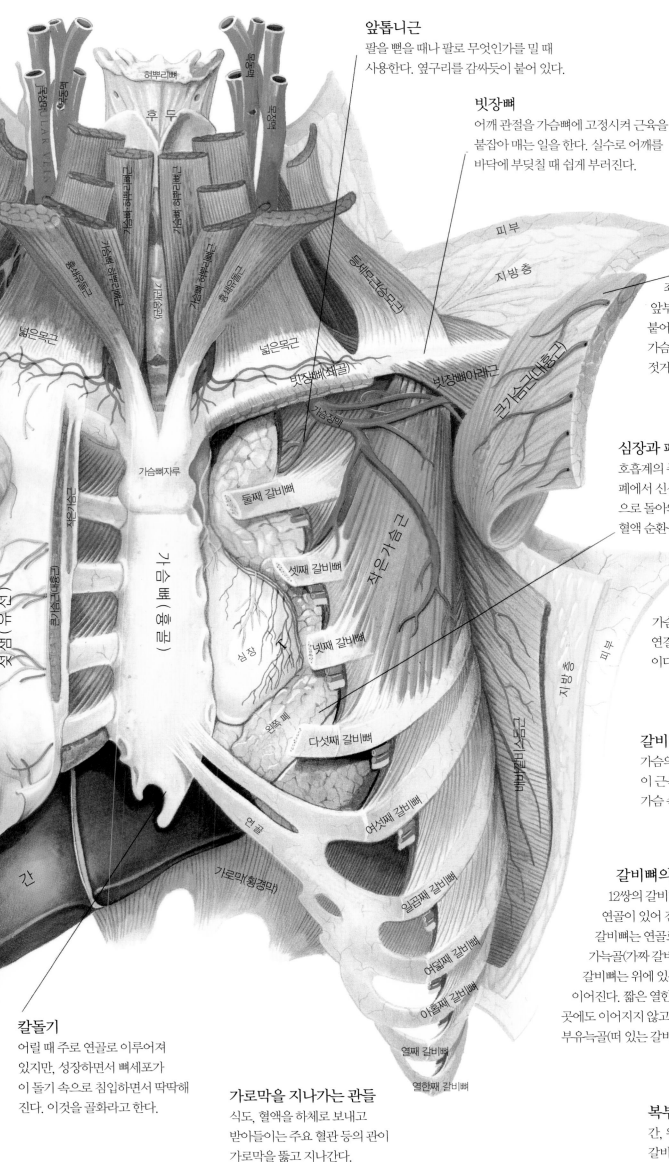

앞톱니근
팔을 뻗을 때나 팔로 무엇인가를 밀 때
사용한다. 옆구리를 감싸듯이 붙어 있다.

빗장뼈
어깨 관절을 가슴뼈에 고정시켜 근육을
붙잡아 매는 일을 한다. 실수로 어깨를
바닥에 부딪칠 때 쉽게 부러진다.

들숨
숨을 들이쉬면 공기가 기관을
지나 폐 속으로 들어간다.

큰가슴근
좌우에 하나씩 있는 큰가슴근은 가슴
앞부분을 덮고 있다. 윗부분은 빗장뼈에
붙어 있고, 윗부분보다 넓은 아랫부분은 주로
가슴뼈와 갈비뼈의 연골에 붙어 있다. 노를
젓거나 수영할 때 쓰인다.

심장과 폐
호흡계의 주요 기관인 폐는 좌우 한 쌍이 있다.
폐에서 신선해진 혈액은 두 폐의 사이에 있는 심장
으로 돌아와 온몸을 순환한다. '심장→폐→심장'의
혈액 순환을 폐순환(소순환)이라고 한다.

가슴뼈(흉골)
가슴뼈의 윗부분은 빗장뼈와 첫째 갈비뼈가
연결되어 있고, 가운데 부분은 가슴뼈의 몸통
이다. 아랫부분은 칼 모양의 칼돌기이다.

갈비뼈 사이근(늑간근)
가슴의 벽을 이루고 있으며, 숨을 쉴 때 쓰인다.
이 근육들이 오므라들면 갈비뼈가 위로 들리고
가슴 속이 넓어져 숨을 들이쉬게 된다.

갈비뼈의 종류
12쌍의 갈비뼈 가운데 위쪽 7쌍은 가슴뼈에 이어진
연골이 있어 진늑골(진짜 갈비뼈)이라 한다. 그 밖의
갈비뼈는 연골로 가슴뼈에 직접 이어져 있지 않아
가늑골(가짜 갈비뼈)이라 한다. 여덟째부터 열째까지의
갈비뼈는 위에 있는 갈비뼈의 연골에 붙어 가슴뼈와
이어진다. 짧은 열한째와 열두째 갈비뼈의 앞쪽 끝은 아무
곳에도 이어지지 않고 가슴 벽에 떠 있다. 그래서 이 갈비뼈들을
부유늑골(떠 있는 갈비뼈)이라 한다.

칼돌기
어릴 때 주로 연골로 이루어져
있지만, 성장하면서 뼈세포가
이 돌기 속으로 침입하면서 딱딱해
진다. 이것을 골화라고 한다.

가로막을 지나가는 관들
식도, 혈액을 하체로 보내고
받아들이는 주요 혈관 등의 관이
가로막을 뚫고 지나간다.

복부 보호
간, 위 등의 기관은 가로막 바로 아래에 있어서
갈비뼈들의 보호를 받는다.

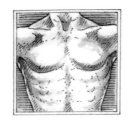

등 *The Upper Torso - Back*

척주, 흉곽, 빗장뼈에 연결된 한 쌍의 어깨뼈가
튼튼한 T자 모양으로 상체를 지탱한다. 가슴을 감싼 갈비
뼈는 몸의 뒤쪽에서 척주와 만나 각 추골과 연결된다.
이 뼈들은 머리와 가슴의 근육이나 뼈, 여러 기관의 무게를
견딜 만큼 튼튼하고, 상체를 자유롭게 움직일 수 있을 만큼
부드럽다. 또한 근육의 깊은 층은 갈비뼈나 척주의 돌기와
연결되어 몸을 한층 더 부드럽고 안정되게 한다.

삼각근
등세모근(승모근)
위팔 세갈래근
(상완 삼두근)
넓은등근(광배근)

피부 바로 아래에 있는 근육이 뚜렷이
보인다. 그 아래 또 근육이 있다.

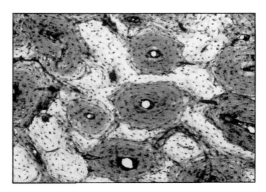

등뼈의 바깥층을 이루는 뼈의 현미경 사진 원기둥 모양의 뼈세
포들 속에 있는 해버스 관으로 신경, 혈관, 림프관이 지나간다.

가슴 뒷부분

가슴 뒷부분에는 한 쌍의 갈비뼈가 하나의
가슴등뼈(흉추)에 연결된 모습이 차례로
줄지어 있다. 어깨뼈는 빗장뼈, 위팔뼈에
연결되어 있지만, 갈비뼈와는 직접 연결되어
있지 않아 가슴 뒷부분에서 비교적 자유롭게
미끄러질 수 있다. 그래서 어깨가 부드럽게
움직일 수 있다.

등뼈

갈비뼈의 뒤쪽 끝부분과 등뼈의 옆부분을
잇는 이중 관절을 갈비뼈등뼈관절이라고
한다. 각 갈비뼈 끝은 등뼈의 관절 구멍에
꼭 맞는다. 그리고 갈비뼈의 뒷부분은
갈비뼈목, 갈비뼈 결절이라고 하는데,
등뼈의 가로돌기와 꼭 맞는다.

등뼈(추골) 속

등뼈의 바깥층은 딱딱하고 조밀한 치밀골
(골질만으로 이루어진 뼈)로 이루어졌다.
속에는 벌집 모양의 해면골이 차 있고,
거기에는 붉은색 골수가 들어 있다.
적혈구와 백혈구가 이 골수에
서 만들어져 혈액을 통해
온몸을 순환한다.

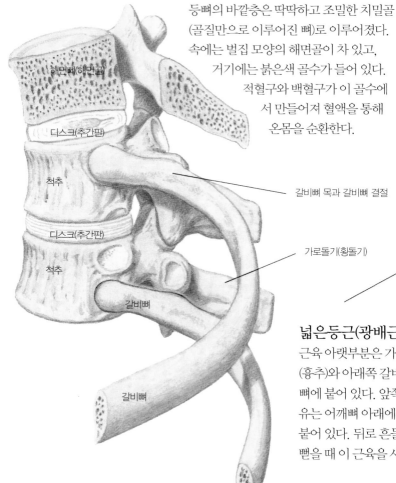

해면뼈(해면골)
디스크(추간판)
척추
디스크(추간판)
척추
갈비뼈
갈비뼈

갈비뼈 목과 갈비뼈 결절

가로돌기(횡돌기)

등세모근(승모근)
삼각근
큰원근
앞톱니근
등뼈
넓은등근(광배근)
지방층

갈비뼈의 구조

갈비뼈의 얇은 껍질층은 치밀골로
이루어졌다. 그 속에는 등뼈, 가슴뼈,
어깨뼈, 골반, 머리뼈 속에도 있는
붉은색 골수가 가득 들어 있다. 다른
뼈에는 주로 지방과 다른 조직으로
이루어진 노란색 골수가 들어 있다.

넓은등근(광배근)

근육 아랫부분은 가슴등뼈
(흉추)와 아래쪽 갈비뼈, 궁둥이
뼈에 붙어 있다. 앞쪽 끝의 근육 섬
유는 어깨뼈 아래에서 만나 위팔뼈에
붙어 있다. 뒤로 흔들거나 머리 위로 손을
뻗을 때 이 근육을 사용한다.

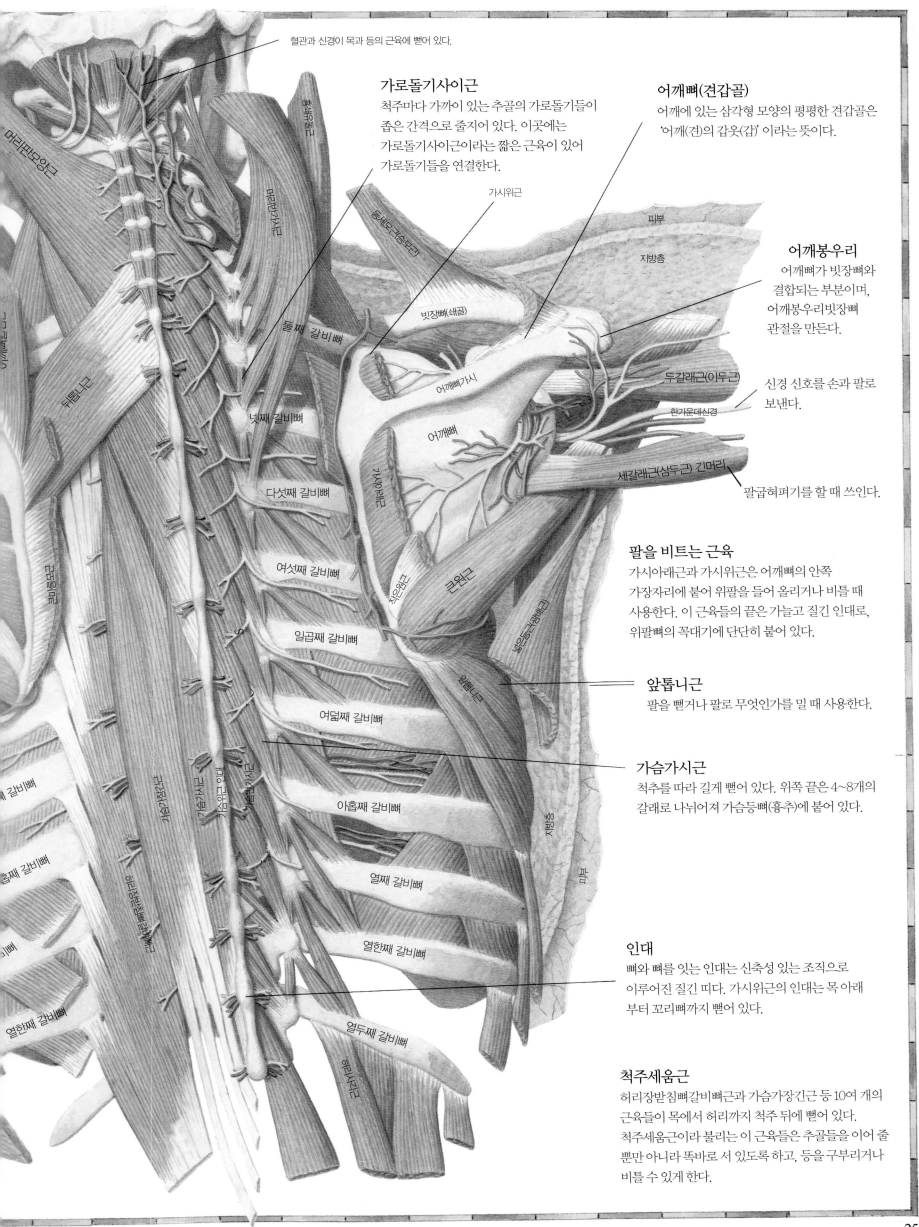

혈관과 신경이 목과 등의 근육에 뻗어 있다.

가로돌기사이근
척주마다 가까이 있는 추골의 가로돌기들이
좁은 간격으로 줄지어 있다. 이곳에는
가로돌기사이근이라는 짧은 근육이 있어
가로돌기들을 연결한다.

어깨뼈(견갑골)
어깨에 있는 삼각형 모양의 평평한 견갑골은
'어깨(견)의 갑옷(갑)'이라는 뜻이다.

가시위근

어깨봉우리
어깨뼈가 빗장뼈와
결합되는 부분이며,
어깨봉우리빗장뼈
관절을 만든다.

피부
지방층

둘째 갈비뼈

빗장뼈(쇄골)

어깨뼈가시

넷째 갈비뼈

어깨뼈

두갈래근(이두근)

한가운데신경

**신경 신호를 손과 팔로
보낸다.**

다섯째 갈비뼈

세갈래근(삼두근 긴머리)

팔굽혀펴기를 할 때 쓰인다.

팔을 비트는 근육
가시아래근과 가시위근은 어깨뼈의 안쪽
가장자리에 붙어 위팔을 들어 올리거나 비틀 때
사용한다. 이 근육들의 끝은 가늘고 질긴 인대로,
위팔뼈의 꼭대기에 단단히 붙어 있다.

여섯째 갈비뼈

일곱째 갈비뼈

앞톱니근
팔을 뻗거나 팔로 무엇인가를 밀 때 사용한다.

여덟째 갈비뼈

가슴가시근
척추를 따라 길게 뻗어 있다. 위쪽 끝은 4~8개의
갈래로 나뉘어져 가슴등뼈(흉추)에 붙어 있다.

아홉째 갈비뼈

열째 갈비뼈

인대
뼈와 뼈를 잇는 인대는 신축성 있는 조직으로
이루어진 질긴 띠다. 가시위근의 인대는 목 아래
부터 꼬리뼈까지 뻗어 있다.

열한째 갈비뼈

열두째 갈비뼈

척주세움근
허리장받침뼈갈비뼈근과 가슴가장긴근 등 10여 개의
근육들이 목에서 허리까지 척주 뒤에 뻗어 있다.
척주세움근이라 불리는 이 근육들은 추골들을 이어 줄
뿐만 아니라 똑바로 서 있도록 하고, 등을 구부리거나
비틀 수 있게 한다.

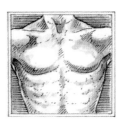

폐(허파) *The Lungs*

폐포로 이루어진 폐는 공기 중의
산소를 흡수하여 혈액에 녹이고, 혈액에 녹아
있는 이산화탄소를 몸 밖으로 내보낸다.
약 3억~5억 개의 폐포가 있어 그 속에서 산소와
이산화탄소의 가스 교환이 이루어진다.
폐포 속에서는 수분과 막으로 이루어진 얇은 층이
공기와 혈액 사이를 막고 있다.

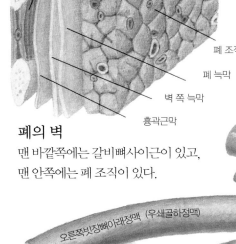

갈비뼈사이근(늑간근)

폐 조직

폐 늑막

벽 쪽 늑막

흉곽근막

폐의 벽
맨 바깥쪽에는 갈비뼈사이근이 있고,
맨 안쪽에는 폐 조직이 있다.

모양이 다른 폐

좌우 두 개의 폐는 모양이 다르다. 오른쪽 폐는 세 엽,
왼쪽 폐는 두 엽으로 나뉘어 있고, 특히 왼쪽 폐는 심장이
놓이는 자리가 움푹 패어 있다. 폐의 윗부분은 빗장뼈의
안쪽 끝부분보다 위로 올라가 목 속에 들어가 있다.
아랫부분은 가로막이라는 돔 모양의 얇은 근육에
닿아 있다.

늑막

폐는 늑막(흉막)이라는 이중 막에 둘러싸여 있다.
안쪽의 폐 늑막은 엽과 주기관지를 둘러싸고 있다.

매끈매끈한 늑막액이 두 늑막 사이에 있어
숨을 쉴 때 폐가 매끄럽게 움직일 수 있다.

호흡

숨을 들이쉴 때는 횡격막이 긴장해
평평해지고, 가슴의 근육이 갈비뼈를
위쪽과 바깥쪽으로 끌어 당긴다.
그러면 가슴 속이 넓어지고 폐가
부풀어 공기가 기관을 통해 폐로
빨려 들어간다.
숨을 내쉴 때는 가슴의 근육이 늘어
나 갈비뼈가 원래의 모습으로 돌아가
고, 복부의 압력으로 가로막이 위로
밀려 올라간다. 그러면 폐에서
공기가 기관을 통해 밀려 나가 폐가
원래의 크기로 돌아간다. 평소 1분에
15회 정도 호흡한다.

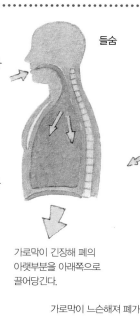

들숨

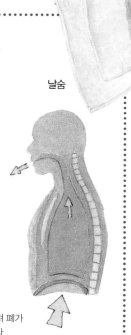

날숨

가로막이 긴장해 폐의
아랫부분을 아래쪽으로
끌어당긴다.

가로막이 느슨해져 폐가
원래대로 돌아간다.

허뿌리뼈

후두

갑상선

오른쪽빗장뼈아래정맥 (우쇄골하정맥)

동맥

정맥

동맥

심장

심막

폐 하엽

가로막(횡격막)

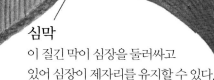

심막
이 질긴 막이 심장을 둘러싸고
있어 심장이 제자리를 유지할 수 있다.

공기 조절
코털과 끈끈한 점액 등이 차가운 공기는 덥게 하고 건조한 공기는 습기를 더해 폐 속의 상태에 적합하게 한다.

기관(숨관)
후두 아래에 있는 기관을 통해 공기가 폐에 들어간다. 약 20개의 C자 모양의 연골이 기관을 둘러싸고 있어 음식을 삼킬 때나 목을 구부릴 때 기관이 막히지 않는다.

털에 덮인 내벽
기관의 안쪽 벽에는 수천 개의 털(섬모)이 나 있다. 이 털들은 물결치듯 움직이면서 먼지 등을 점액과 함께 붙잡아 폐로 들어가지 못하게 한다.

왼쪽빗장뼈아래정맥

폐의 용량
책을 읽을 때는 0.5ℓ 정도의 공기를 1분에 15번쯤 들이쉬고 내쉰다. 그러나 버스를 타려고 뛰어갈 때는 호흡수가 두 배로 늘고 다섯 배 정도의 공기를 호흡한다.

세 그루의 나무
폐 속은 세 그루의 나무가 넘어져 있는 모양 같다. 하나는 공기의 통로인 기관이다. 기관은 갈라져서 기관 가지가 되고, 더 갈라져서 세기관지가 된다. 다른 하나는 몸에서 사용된 오래된 혈액을 심장으로부터 운반하는 폐동맥(파란색으로 나타냄)이다. 폐동맥은 갈라져서 세동맥이 되고, 더 갈라져서 폐포 모세혈관이 된다. 마지막은 신선한 혈액(붉은색으로 나타냄)을 심장으로 운반하는 폐정맥과 그 가지들이다.

폐포의 생김새
폐포의 안쪽은 한 층의 얇고 구부러진 세포들로 이루어졌고, 폐포를 둘러싼 모세 혈관도 비슷한 구조로 되어 있다. 그래서 폐포 속의 공기와 모세혈관 속의 적혈구 사이가 매우 가까워 산소가 신속하게 혈액 속으로 들어간다.

가로막
가로막은 의지와 관계없이 수축한다. 뇌에서 온 신호가 가로막을 자극하여 움직이게 한다.

딸꾹질
음식을 너무 빨리 먹으면 딸꾹질이 난다. 이 반사 작용은 두 단계로 일어난다. 먼저 신경이 흥분하면 가로막이 갑자기 수축한다. 그러면 숨을 들이쉬자마자 식도 위쪽에 있는 후두 덮개가 닫히면서 '딸꾹' 소리가 난다.

정맥
기관지
정맥
가는기관지
폐 하엽

폐정맥의 가는 가지
폐동맥의 가는 가지
기도 점막
탄성 섬유
폐포 모세혈관

공기 주머니
폐포(허파 꽈리)는 폐의 기관(숨관) 가운데 가장 가는 세기관지이다. 약 3억~5억 개의 폐포가 폐 속에 모여 있고, 모세혈관이 폐포를 감싸고 있다.

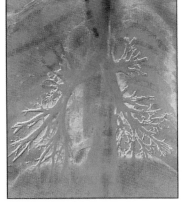

기관지 엑스선 사진 가슴 속에서 나무처럼 가지를 뻗어 갈비뼈에 둘러싸여 있다.

연골
민무늬근
폐포(허파꽈리)

기도의 점막
호흡기의 내벽에 있는 점막은 끈적끈적한 점액을 분비하여 호흡기 속을 촉촉하게 하고, 들이쉬는 공기 속의 먼지 따위를 붙잡는다.

재빠른 가스 교환
폐포는 표면적이 넓어 산소와 이산화탄소의 교환이 신속하고 효율적으로 이루어진다. 폐포를 모두 펼쳐 놓으면 테니스 장만 하다.

하품
하품을 하면 공기가 폐 속으로 들어가 폐포를 부풀린다.

대식 세포
폐포 속의 이 조그만 세포들은 폐로 들어온 먼지와 작은 세균을 먹어서 없앤다.

폐포 상피 세포
모세 혈관 내피 세포
폐포
폐포
폐포
섬유성 지지 조직
대식 세포
모세혈관의 적혈구

*다른 혈관과 달리 폐 속을 흐르는 혈관은 푸른색이 동맥, 붉은색이 정맥이다.

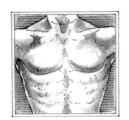

심장과 혈관 *The Heart & Blood Vessels*

왼쪽과 오른쪽 폐 아랫부분 사이의 주먹만한 근육 주머니가 심장이다. 혈액은 심장의 펌프 작용에 의해 온몸을 순환한다. 왼쪽 펌프(그림에서는 오른쪽 펌프)에 의해 대동맥으로 밀려난 혈액은 혈관을 통해 몸 구석구석 흘러간다. 각 조직에 산소를 공급한 후 정맥을 통해 심장 오른쪽으로 돌아온 혈액은 다시 펌프의 작용에 의해 폐로 밀려 나가 산소를 공급 받는다. 신선해진 혈액은 심장의 왼쪽 펌프로 돌아와 다시 대동맥으로 밀려나간다.

윗대정맥과 아랫대정맥

윗대정맥은 머리와 팔, 윗몸통에서 사용된 혈액을 심장으로 보낸다. 아랫대정맥은 아랫몸통과 다리에서 사용된 혈액을 심장으로 운반한다.

오른쪽 관상동맥

심장의 아랫부분부터 뒤쪽까지 감싸고 있는 오른쪽 관상동맥은 심실의 두꺼운 근육에 혈액을 공급한다.

폐동맥

동맥은 산소가 많은 혈액을 나르지만 폐동맥은 산소가 적은 검붉은 혈액을 심장에서 폐로 나른다. 이 혈액은 폐에서 산소를 공급받는다.

혈관 안쪽은 매끈하여 혈액이 잘 흐른다.

혈관에는 부드러운 근육과 조직이 있어 혈압에 잘 견딘다.

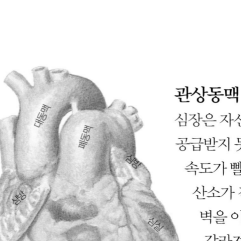

관상동맥

관상동맥

심장은 자신의 방에 있는 혈액으로부터 산소를 공급받지 못한다. 심장 왼쪽의 혈액은 흐르는 속도가 빨라 압력이 크고, 오른쪽의 혈액은 산소가 적기 때문이다. 그래서 심근(심장의 벽을 이룬 근육)은 대동맥의 입구 부분에서 갈라져 나와 심장 벽을 둘러싸고 있는 작은 동맥들로부터 산소가 많은 혈액을 받아들인다. 이 작은 동맥들을 관상동맥(머리에 쓰는 관처럼 생긴 동맥)이라고 한다.

혈액의 역류를 막는 판막

대동맥과 폐동맥의 입구에는 반달 모양을 한 세 개의 부드러운 판막이 있다. 판막은 심장이 혈액을 내보낼 때는 바깥쪽으로 열려 바른 방향으로 흐르게 하고, 혈액이 다 나가면 혈관을 막아 거꾸로 흐르지 못하게 한다.

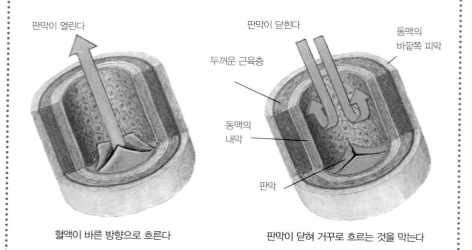

판막이 열린다

판막이 닫힌다

동맥의 바깥쪽 피막

두꺼운 근육층

동맥의 내막

판막

혈액이 바른 방향으로 흐른다

판막이 닫혀 거꾸로 흐르는 것을 막는다

심방과 심실

심장에는 우심실과 우심방(오른쪽 펌프), 좌심실과 좌심방(왼쪽 펌프)이 있다. 심방은 정맥으로부터 혈액을 받아 심실로 보내고, 심실은 심장에 이어진 동맥으로 혈액을 내보낸다.

삼첨판

우심방과 우심실 사이에는 끝이 세 갈래로 갈라진 삼첨판이 있어 심실이 강하게 수축할 때 혈액이 심방으로 흐르는 것을 막는다. 삼첨판의 얇은 힘줄이 심장 벽에 붙어 있어 판막이 뒤집어지는 것을 막는다.

아랫대정맥(하대정맥)

심실가운데칸막이

심장을 두 부분으로 나누는 이 벽은 오른쪽으로 조금 기울어져 있다. 온몸에 혈액을 내보내는 일을 하는 좌심실이 우심실보다 크고 근육이 두껍기 때문이다.

대동맥

가장 큰 혈관인 대동맥은 심장에서 하반신으로 내려간다. 안쪽 지름이 약 25mm이고, 혈액이 초속 20㎝ 정도의 속도로 흐른다.

관상동맥신경총

몸의 상태에 따라 혈액의 양이 얼마나 필요한지, 심장이 얼마나 빨리 뛰어야 하는지 뇌에서 신호가 오면 이를 심근에 전달한다.

이 오그라진 혈관은 동맥관이라는 우회로의 유물이다. 태아 때는 폐가 활동하지 않기 때문에 폐로 갈 혈액이 이 관(동맥관)을 통해 대동맥에 들어간다. 하지만 출생과 동시에 폐호흡이 시작되면서 오그라져 막힌다.

대동맥

지방

왼쪽 폐동맥

왼쪽 폐정맥

왼쪽 폐정맥

폐동맥판막

대동맥판막

좌심방

심방

승모판

힘줄끈(건삭)

삼첨판

좌심실

지방

심막(심낭)

대동맥

심막

심장을 둘러싸고 있는 얇고 매끈매끈한 주머니이다. 2중으로 되어 있는 막 사이에는 액체가 들어 있다. 이 액체와 지방층이 심장의 움직임을 원활하게 한다.

승모판

좌심방과 좌심실 사이의 이 판막은 피가 한 방향으로만 흐르게 한다. 힘줄끈은 심실이 수축할 때 판막이 심방 속으로 밀려들어가지 않도록 붙잡는다.

심장 박동의 주기

심장이 수축되어 혈액을 밀어 내는 단계(아래 그림 제1·2단계)를 심장 수축기라 한다. 그리고 심장에 혈액이 가득 차는 단계(아래 그림 제3·4단계)를 심장 확장기라 한다. 한 주기는 평균 0.8초 동안 진행된다.

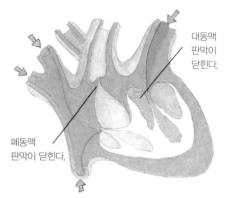

대동맥 판막이 닫힌다.

폐동맥 판막이 닫힌다.

제1단계 : 심방이 느슨해져 혈액이 대정맥에서 흘러든다.

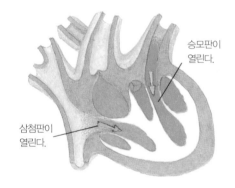

승모판이 열린다.

삼첨판이 열린다.

제2단계 : 삼첨판과 승모판을 통해 혈액이 심방에서 심실로 들어간다.

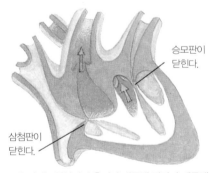

승모판이 닫힌다.

삼첨판이 닫힌다.

제3단계 : 심실이 수축되어 대동맥 판막과 폐동맥 판막에서 동맥으로 피를 밀어 낸다.

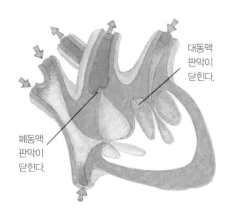

대동맥 판막이 닫힌다.

폐동맥 판막이 닫힌다.

제4단계 : 심실이 한 번 수축하여 내보내는 혈액의 양은 70㎖쯤 된다. 심실이 느슨해져 다음 주기가 시작된다.

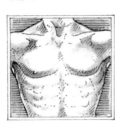

등 *The Upper Back*

두 팔을 옆으로 쭉 뻗으면 팔과 어깨, 등의 근육,
특히 양쪽 어깨뼈 사이에 있는 근육이 긴장한다.
아래 그림처럼 등 윗부분과 어깨에는 넓고 힘센 근육들이
엇갈려 있어 팔과 손을 쉽게 움직일 수 있다.
그리고 부드러운 어깨 관절이 있어 두 팔을 위아래로,
앞뒤로 자유롭게 움직일 수 있다. 팔꿈치를 구부리면
손이 등에 닿을 수도 있다.

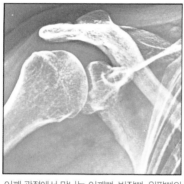

어깨 관절에서 만나는 어깨뼈, 빗장뼈, 위팔뼈의
엑스선 사진

등 윗부분

흉곽과 어깨뼈, 어깨 관절이 등 윗부분을 이루
고 있다. 관절은 대부분 뼈와 뼈가 서로 잘
들어맞게 되어 있고, 인대가 뼈들을 지탱
하고 있다. 하지만 어깨는 뼈들 주위에
삼각근, 가시위근, 가시아래근, 큰원
근, 작은원근 등의 근육이 직접 붙
어 관절을 지탱한다.

(그림 표시: 등세모근삼각근, 가시위근, 어깨뼈가시, 첫째 갈비뼈, 둘째 갈비뼈, 셋째 갈비뼈, 어깨뼈, 가시아래근, 큰원근, 가시위근, 가시아래근, 작은원근, 관절오목주머니, 위팔뼈머리, 두갈래근(이두근), 삼각근, 위팔뼈, 큰원근, 세갈래근(삼두근)긴갈래, 어깨목, 위팔뼈목, 여덟째 갈비뼈, 작은원근, 아홉째 갈비뼈, 큰원근)

부드러운 어깨 관절
위팔뼈의 둥근 부위가 어깨뼈의
오목한 부위에 딱 들어맞는다.
오목한 부위가 깊지 않아 관절의
활동범위가 넓지만, 큰 힘을 받으면
어깨가 빠지기도 한다.

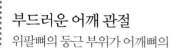

위팔뼈의 머리는 거의 모든 방향으로
회전할 수 있다.

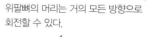

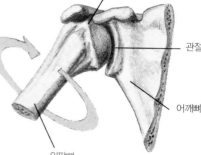

관절 오목 부위

어깨뼈

위팔뼈

관절의 연골(물렁뼈)
매끄러운 연골이 어깨 관절이
움직일 때 마찰을 줄인다.
인대로 이루어진 튼튼한 관절 점액
주머니가 관절을 둘러싸고 있다.

어깨를 지탱하는 근육
가시위근, 가시아래근, 작은원근이
어깨 관절을 지탱하고 보호하며,
위팔뼈의 머리가 제자리에 있게 한다.

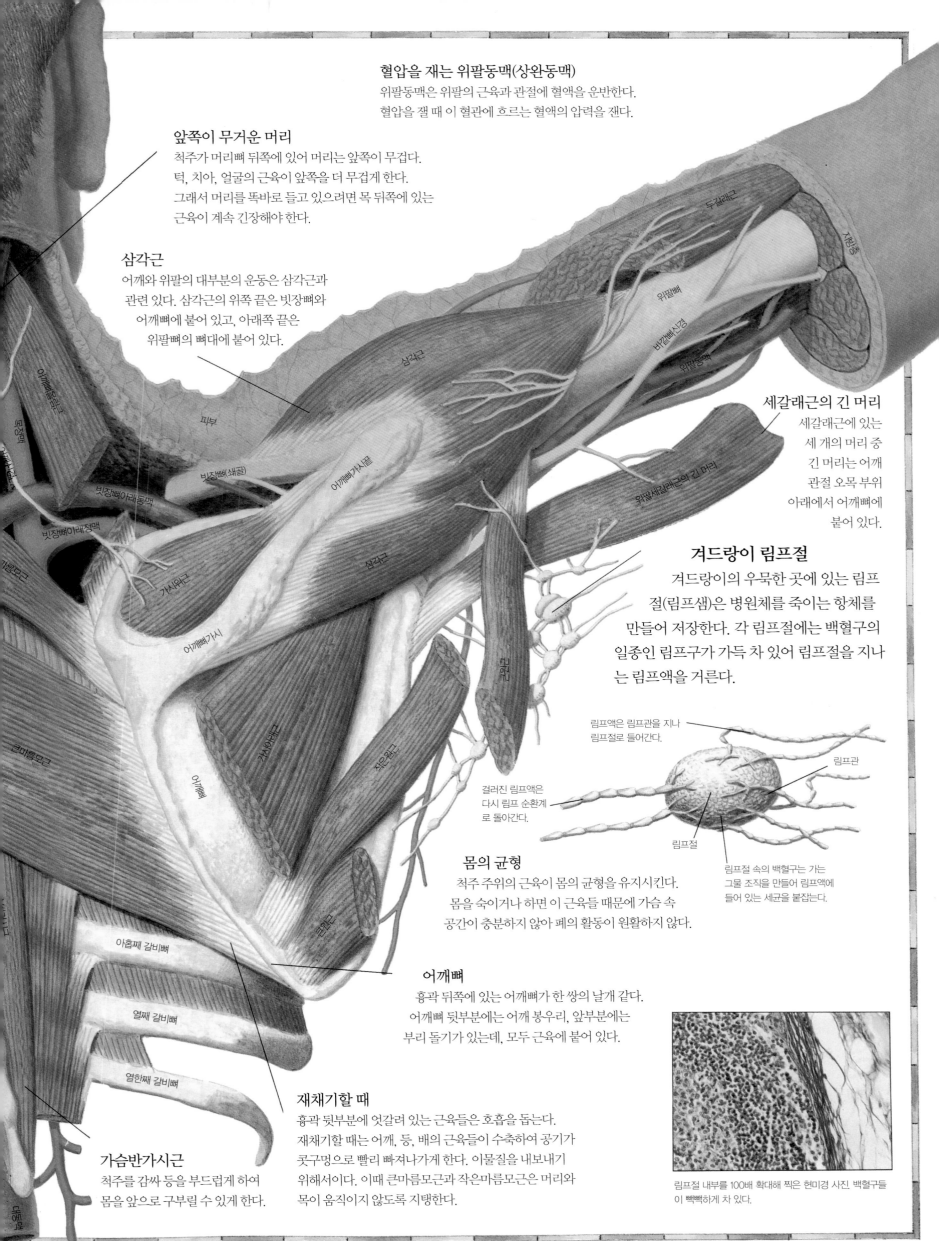

혈압을 재는 위팔동맥(상완동맥)
위팔동맥은 위팔의 근육과 관절에 혈액을 운반한다.
혈압을 잴 때 이 혈관에 흐르는 혈액의 압력을 잰다.

앞쪽이 무거운 머리
척주가 머리뼈 뒤쪽에 있어 머리는 앞쪽이 무겁다.
턱, 치아, 얼굴의 근육이 앞쪽을 더 무겁게 한다.
그래서 머리를 똑바로 들고 있으려면 목 뒤쪽에 있는
근육이 계속 긴장해야 한다.

삼각근
어깨와 위팔의 대부분의 운동은 삼각근과
관련 있다. 삼각근의 위쪽 끝은 빗장뼈와
어깨뼈에 붙어 있고, 아래쪽 끝은
위팔뼈의 뼈대에 붙어 있다.

두갈래근

위팔뼈

바깥빗신경

위팔동맥

삼각근

피부

빗장뼈(쇄골)

어깨뼈가시끝

빗장뼈아래동맥

빗장뼈아래정맥

가시위근

삼각근

위팔세갈래근의 긴 머리

어깨뼈가시

큰마름모근

어깨뼈

세갈래근의 긴 머리
세갈래근에 있는
세 개의 머리 중
긴 머리는 어깨
관절 오목 부위
아래에서 어깨뼈에
붙어 있다.

겨드랑이 림프절
겨드랑이의 우묵한 곳에 있는 림프
절(림프샘)은 병원체를 죽이는 항체를
만들어 저장한다. 각 림프절에는 백혈구의
일종인 림프구가 가득 차 있어 림프절을 지나
는 림프액을 거른다.

림프액은 림프관을 지나
림프절로 들어간다.

림프관

걸러진 림프액은
다시 림프 순환계
로 돌아간다.

림프절

림프절 속의 백혈구는 가는
그물 조직을 만들어 림프액에
들어 있는 세균을 붙잡는다.

몸의 균형
척주 주위의 근육이 몸의 균형을 유지시킨다.
몸을 숙이거나 하면 이 근육들 때문에 가슴 속
공간이 충분하지 않아 폐의 활동이 원활하지 않다.

아홉째 갈비뼈

열째 갈비뼈

열한째 갈비뼈

어깨뼈
흉곽 뒤쪽에 있는 어깨뼈가 한 쌍의 날개 같다.
어깨뼈 뒷부분에는 어깨 봉우리, 앞부분에는
부리 돌기가 있는데, 모두 근육에 붙어 있다.

재채기할 때
흉곽 뒷부분에 엇갈려 있는 근육들은 호흡을 돕는다.
재채기할 때는 어깨, 등, 배의 근육들이 수축하여 공기가
콧구멍으로 빨리 빠져나가게 한다. 이물질을 내보내기
위해서이다. 이때 큰마름모근과 작은마름모근은 머리와
목이 움직이지 않도록 지탱한다.

가슴반가시근
척주를 감싸 등을 부드럽게 하여
몸을 앞으로 구부릴 수 있게 한다.

림프절 내부를 100배 확대해 찍은 현미경 사진. 백혈구들
이 빽빽하게 차 있다.

척주 *The Spinal Column*

머리와 몸을 지배하는 척주는 32~34개의 척추가

사슬처럼 연결되어 부드럽게 움직인다.(척주를 이루는 하나하나의
뼈를 척추 또는 주골이라고 한다) 척주의 앞면과 옆면에는 근육, 혈관,
신경이 있고, 척주 속에는 신경이 모인 척수가 있다. 몸 곳곳에서 정보를
전달하는 척수는 머리뼈 아래에서 뇌(연수)와 이어져 있고,
척주 속의 구멍을 통해 아래로 뻗어 있다.

S 라인

옆에서 보면 척주는 S자 모양으로 휘어져 있다.
가슴 윗부분은 뒤쪽으로, 목과 허리 부분은
앞쪽으로, 목척추가 7개, 가슴척추가 12개,
허리척추가 5개 있고, 그 아래에는 엉치등뼈와
꼬리뼈가 있다.

세 굽이

척주는 크게 목, 가슴, 허리에서 굽이 있어 하지체에
상체의 무게를 고르게 나눈다. 목 부위는 아기가 머리를
드는 때쯤 발달하고, 허리는 똑바로 서서 걸음을 때쯤
발달한다.

목척추(경추)

낱개 모양의 가로돌기가 각 척추에서 옆으로 뻗어 있고, 이 돌
기의 구멍으로 척추 동맥이 뻗어 있다. 일곱째 목척추 뒤돌기가
돌기에 목의 인대가 붙어 있다. 목 뒤 아랫부분이 축처럼 만
져지는 것이 일곱째 목척추이다.

가슴척추(흉추)

등 윗부분에 있는 가슴척추는 한 개가 한 쌍의 갈비뼈
를 지탱한다. 가슴척추의 오목한 부위가 갈비뼈를 제
자리에 있게 한다. 바로 위에 있는 목척추와 함께 목
을 굽히거나 뒤로 젖힐 수 있게 한다.

척주의 뒷면

척주의 가시돌기에는 척주 전체를 곧게 하는 그육들이
붙어 있다. 몸 앞쪽이 뒤쪽보다 무거운데도 쓰러지지
않는 것은 이 근육들 때문이다.
척수는 척주 맨 아래까지 뻗어 있지 않고,
첫째 허리척추와 둘째 허리척추 근처에서
여러 신경으로 나누어진다.

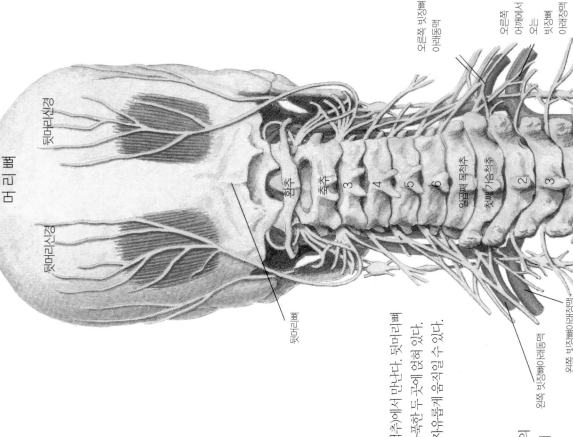

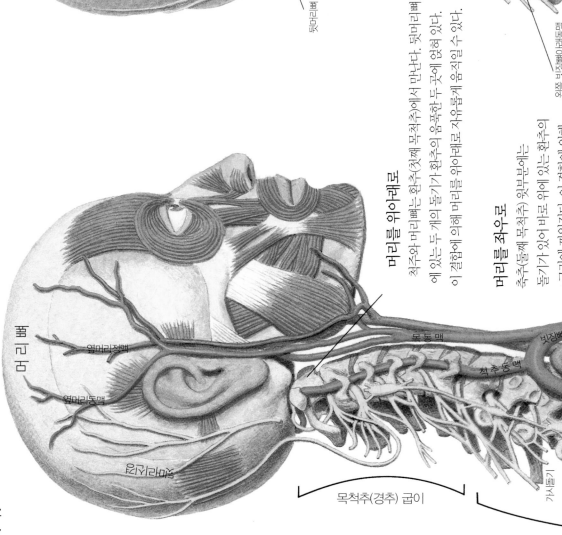

머리를 위아래로

척주와 머리뼈는 환추(첫째 목척추)에서 만난다. 뒷머리뼈
에 있는 두 개의 돌기가 환추의 오목한 두 곳에 얹혀 있다.
이 결합에 의해 머리를 위아래로 자유롭게 움직일 수 있다.

머리를 좌우로

축추(둘째 목척추) 윗부분에는
돌기가 있어 바로 위에 있는 환추의
고리에 기워진다. 이 결합에 의해
좌우로 머리를 돌릴 수 있다.

목척추(경추) 굽이

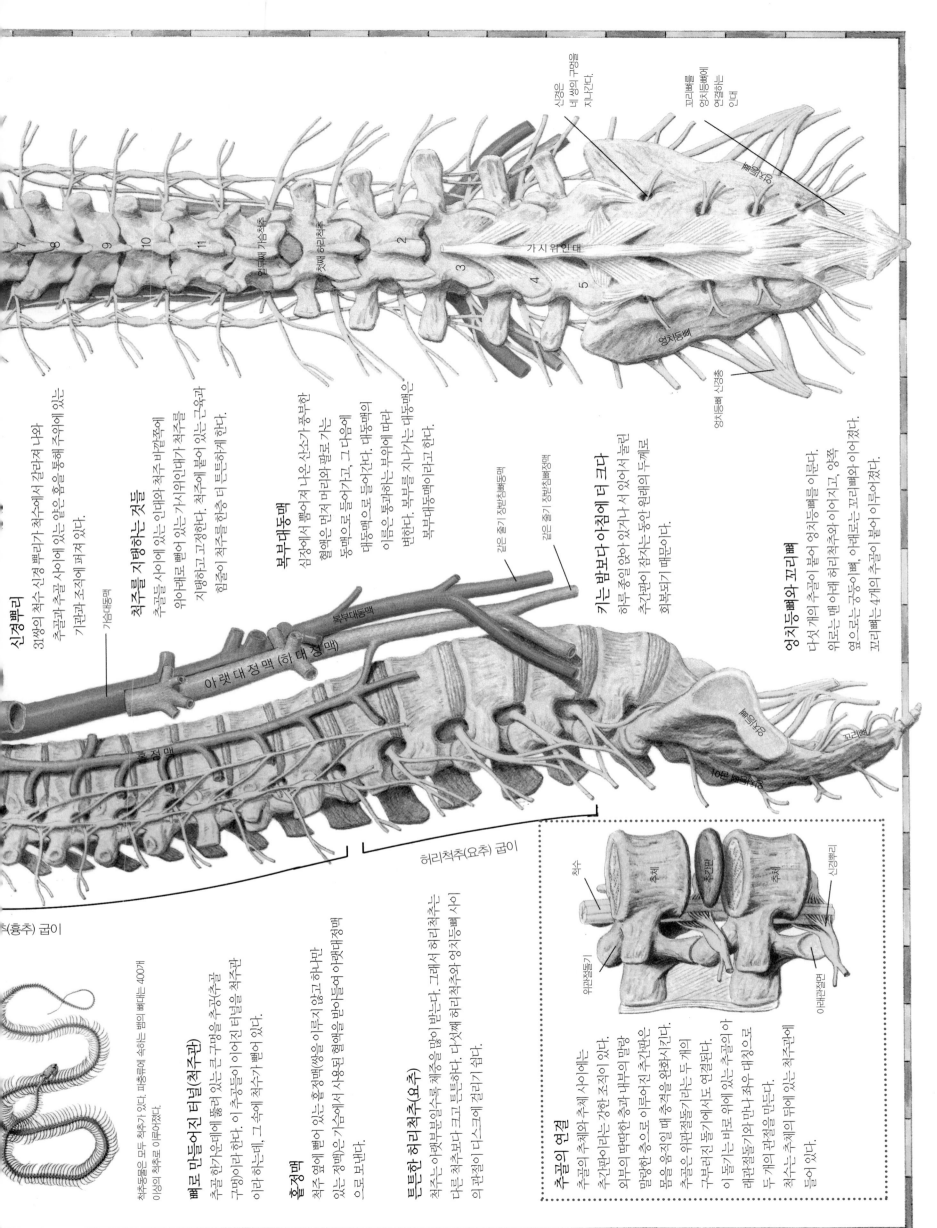

신경뿌리

31쌍의 좌우 신경 뿌리가 척수에서 갈라져 나와 주뼈와 주뼈 사이에 있는 작은 홈을 통해 주위에 있는 기관과 조직에 퍼져 있다.

척주를 지탱하는 것들

주뼈 사이에 있는 인대와 좌우 바깥쪽에 위아래로 뻗어 있는 가시위인대가 척주를 지탱하고 고정한다. 척주에 붙어 있는 근육과 힘줄이 척주를 한층 더 튼튼하게 한다.

복부대동맥

심장에서 뻗어져 나온 산소가 풍부한 혈액은 먼저 머리와 팔로 가는 동맥으로 들어가고, 그 다음에 대동맥으로 들어간다. 대동맥의 이름은 통과하는 부위에 따라 변한다. 복부를 지나가는 대동맥은 복부대동맥이라고 한다.

가는 밤보다 아침에 더 크다

하루 중에 앉아 있거나 서 있어서 눌린 추간판이 잠자는 동안 원래의 두께로 회복되기 때문이다.

엉치등뼈와 꼬리뼈

다섯 개의 주뼈이 붙어 엉치등뼈를 이룬다. 위쪽은 맨 아래 허리척추와 이어지고, 양쪽 옆으로는 궁둥이뼈, 아래로는 꼬리뼈와 이어져 있다. 꼬리뼈는 4개의 주뼈이 붙어 이루어졌다.

척추동물은 모두 척추가 있다. 따줌릴에 숨는 뱀의 뼈마디는 400개 이상의 척추로 이루어졌다.

뼈로 만들어진 터널(척주관)

주뼈 한가운데에 뚫려 있는 큰 구멍은 주뼈(척추)구멍이라 한다. 이 구멍들이 이어진 터널을 척주관이라 하는데, 그 속에 척수가 뼈에 이라 하는데, 그 속에 척수가 뼈에 이라 한다.

홀정맥

척주 옆에 뻗어 있는 홀정맥(쌍을 이루지 않고 하나만 있는 정맥)은 가슴에서 사용된 혈액을 아랫대정맥으로 보낸다.

튼튼한 허리척추(요추)

척추는 아랫부분일수록 체중을 많이 받는다. 그래서 허리척추는 다른 척추보다 크고 튼튼하다. 다섯째 허리척추와 엉치등뼈 사이의 관절은 디스크에 걸리기 쉽다.

주뼈의 연결

주뼈의 추체와 추체 사이에는 추간판이라는 강한 조직이 있다. 추간판은 딱딱한 바깥 부분과 맬랑한 중으로 이루어진 추간판은 몸을 움직일 때 충격을 완충시킨다. 주뼈은 위관절돌기라든가 구부러진 돌기에서도 연결된다. 이 돌기는 바로 위에 있는 주뼈의 아래관절돌기와 만나 좌우 대칭으로 두 개의 관절을 만든다. 척수는 주체의 뒤에 있는 척주관에 들어 있다.

신경뿌리 네 쌍의 구멍을 지나간다

꼬리뼈를 엉치등뼈에 연결하는 인대

가시 위 인대

엉치등뼈

엉치등뼈 신경총

7 8 9 10 11

열째 가슴척추   첫째 허리척추

2 3 4 5

가슴대동맥

복부대동맥

아랫 대정맥 (하 대 정 맥)

홀 정 맥

긴 줄기 정박이뼈동맥

긴 줄기 정박이뼈정맥

허리척추(요추) 굽이

가슴척추(흉추) 굽이

엉치등뼈

10번 가슴척추

꼬리뼈

척수   추체   추간판   추체   신경뿌리

위관절돌기

아래관절돌기

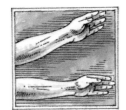

팔과 손 *The Arm & Hand*

손은 물건을 쥐고 다룰 뿐만 아니라 감촉을
느끼는 능력이 뛰어나다.
캄캄한 밤 멀리 외딴 집에서 새어 나오는 희미한 불에
의지해 더듬거리며 가다가 손가락이 뾰족한 것에 닿았다.
그러면 깜짝 놀라 순간적으로 움츠린다. 집 가까이 밝은
곳에 가서 보니 엉겅퀴 가시다. 손가락 끝의 피부가 가시의
압력을 받아 신경이 그 정보를 뇌에 전하고, 뇌는 신경
신호를 보내 팔의 근육들을 수축시킨다. 그러면 손이
엉겅퀴에서 떨어진다.

재주 부리는 손

공으로 재주를 부릴 때 곡예사의
눈은 공의 움직임을 좇는다. 팔과
손의 근육은 공이 떨어질 자리에
정확히 손이 가 있게 한다.
손바닥의 피부가 공이 닿았다는
것을 느끼면 근육은 그 공을
다시 던지는 행동을 준비한다.
놀랍도록 빠르고 정확하다.

예민한 촉각

팔과 손은 신경과 혈관, 근육이 복잡하게 퍼져 있어
정밀하면서도 자유롭게 움직인다.
신경의 끝과 감각수용체(감각을 받아들이는 것) 뭉치가
손가락 끝과 같은 예민한 곳에 특히 많아 신호를 뇌로
보낸다. 몸이 뇌의 신호에 바로 반응할 수 있는 것은
근육과 뼈를 잇는 질긴 힘줄 때문이다.

손목의 밴드

손목에 뻗어 있는 10여 개의 혈관과 신경, 20여 개의
힘줄이 피부 아래 두 개의 섬유질 밴드에 묶여 있다.
손바닥 쪽에 있는 밴드는 구부림근붙듬띠(관절을
구부리는 근육을 받쳐 주는 띠. 아래 그림에서는
보이지 않음)이고, 손등 쪽에 있는 것은 폄근붙듬띠
(관절을 펴는 근육을 받쳐 주는 띠)이다.

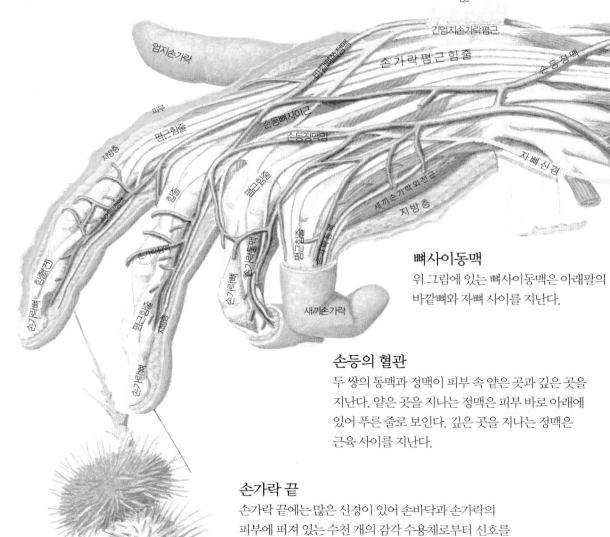

뼈사이동맥

위 그림에 있는 뼈사이동맥은 아래팔의
바깥뼈와 자뼈 사이를 지난다.

이 근육은 손목을 구부리거나
비틀 때 사용한다.

손등의 혈관

두 쌍의 동맥과 정맥이 피부 속 얕은 곳과 깊은 곳을
지난다. 얕은 곳을 지나는 정맥은 피부 바로 아래에
있어 푸른 줄로 보인다. 깊은 곳을 지나는 정맥은
근육 사이를 지난다.

위치 감각

근육과 관절에는 근육늘어남감지기가
있어 근육이 긴장되어 있는지 늘어져 있는
지, 관절이 구부러져 있는지 펴져 있는지를
느낀다. 이 정보가 신경을 통해 뇌에 전해져
뇌는 몸 각 부분의 위치와 자세를 안다.
그래서 눈으로 보지 않아도 팔이나 손가락
등이 구부러져 있는지 펴져 있는지 안다.

손가락 끝

손가락 끝에는 많은 신경이 있어 손바닥과 손가락의
피부에 퍼져 있는 수천 개의 감각 수용체로부터 신호를
받아들인다. 지문이 있는 피부 아래에는 지방층이 있어
물건을 쥘 때 아픔을 느끼지 않게 한다.

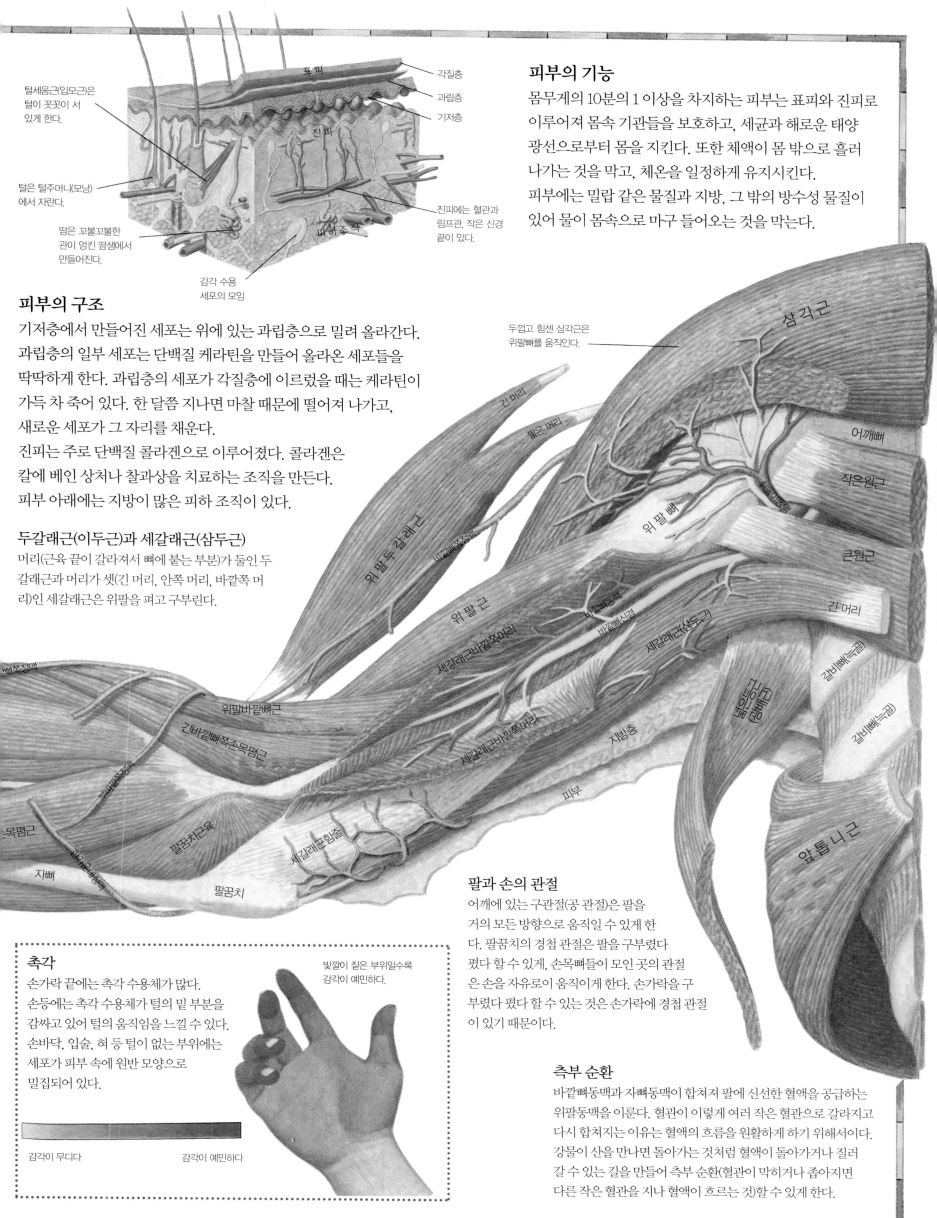

피부의 기능

몸무게의 10분의 1 이상을 차지하는 피부는 표피와 진피로 이루어져 몸속 기관들을 보호하고, 세균과 해로운 태양 광선으로부터 몸을 지킨다. 또한 체액이 몸 밖으로 흘러 나가는 것을 막고, 체온을 일정하게 유지시킨다.
피부에는 밀랍 같은 물질과 지방, 그 밖의 방수성 물질이 있어 물이 몸속으로 마구 들어오는 것을 막는다.

피부의 구조

기저층에서 만들어진 세포는 위에 있는 과립층으로 밀려 올라간다. 과립층의 일부 세포는 단백질 케라틴을 만들어 올라온 세포들을 딱딱하게 한다. 과립층의 세포가 각질층에 이르렀을 때는 케라틴이 가득 차 죽어 있다. 한 달쯤 지나면 마찰 때문에 떨어져 나가고, 새로운 세포가 그 자리를 채운다.
진피는 주로 단백질 콜라겐으로 이루어졌다. 콜라겐은 칼에 베인 상처나 찰과상을 치료하는 조직을 만든다. 피부 아래에는 지방이 많은 피하 조직이 있다.

두갈래근(이두근)과 세갈래근(삼두근)

머리(근육 끝이 갈라져서 뼈에 붙는 부분)가 둘인 두 갈래근과 머리가 셋(긴 머리, 안쪽 머리, 바깥쪽 머리)인 세갈래근은 위팔을 펴고 구부린다.

촉각

손가락 끝에는 촉각 수용체가 많다.
손등에는 촉각 수용체가 털의 밑 부분을 감싸고 있어 털의 움직임을 느낄 수 있다. 손바닥, 입술, 혀 등 털이 없는 부위에는 세포가 피부 속에 원반 모양으로 밀집되어 있다.

빛깔이 짙은 부위일수록 감각이 예민하다.

감각이 무디다 ──────── 감각이 예민하다

팔과 손의 관절

어깨에 있는 구관절(공 관절)은 팔을 거의 모든 방향으로 움직일 수 있게 한다. 팔꿈치의 경첩 관절은 팔을 구부렸다 폈다 할 수 있게, 손목뼈들이 모인 곳의 관절은 손을 자유로이 움직이게 한다. 손가락을 구부렸다 폈다 할 수 있는 것은 손가락에 경첩 관절이 있기 때문이다.

측부 순환

바깥뼈동맥과 자뼈동맥이 합쳐져 팔에 신선한 혈액을 공급하는 위팔동맥을 이룬다. 혈관이 이렇게 여러 작은 혈관으로 갈라지고 다시 합쳐지는 이유는 혈액의 흐름을 원활하게 하기 위해서이다. 강물이 산을 만나면 돌아가는 것처럼 혈액이 돌아가거나 질러 갈 수 있는 길을 만들어 측부 순환(혈관이 막히거나 좁아지면 다른 작은 혈관을 지나 혈액이 흐르는 것)할 수 있게 한다.

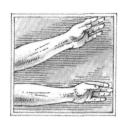

어깨와 팔꿈치
The Shoulder & Elbow

경기에서 이겼을 때처럼 주먹을 불끈 쥐고 팔을 높이 들면 위팔두갈래근(알통)이 불룩해진다. 이처럼 장력(당기는 힘)은 변하지 않지만 팔꿈치를 구부리면 근육의 길이가 짧아지는 근육 작용을 '등장성 근육 수축' 이라고 한다. 반면에 근육이 장력을 더 많이 내지만 근육의 길이는 변함이 없는 작용을 '등척성 근육 수축' 이라고 한다. 보디빌더가 근육을 뽐낼 때 팔을 움직이지 않고 두갈래근을 불룩 부풀어 오르게 하는 경우이다. 대부분의 근육은 등장성 수축과 등척성 수축을 짝 지어 사용, 몸의 각 부분을 움직이거나 유지한다.

두갈래근과 세갈래근이 함께 작용하여 팔을 안정시킨다.

이 선수는 위팔과 어깨의 근육으로 모든 체중을 지탱한다.

팔과 어깨의 근육

무거운 물건을 들어 올릴 수 있는 것도, 방에 떨어진 머리카락을 정확히 주울 수 있는 것도 모두 위팔과 어깨에 근육이 있기 때문이다. 등 윗부분의 근육과 어깨의 근육은 위팔을 움직이고, 위팔의 근육은 아래팔을 움직이며, 아래팔의 근육은 손목과 손을 움직인다.

어깨와 팔을 움직이는 어깨뼈

어깨가 움직일 때 가장 중요한 것은 어깨뼈이다. 어깨뼈의 움직임이 어깨뼈 끝의 움푹 파인 부위(관절와)의 각도를 변화시킨다. 팔을 머리 위까지 올리면 손끝이 반원을 그리는데(180° 회전), 이 움직임의 반은 어깨뼈의 위치가 달라져야 가능하다.

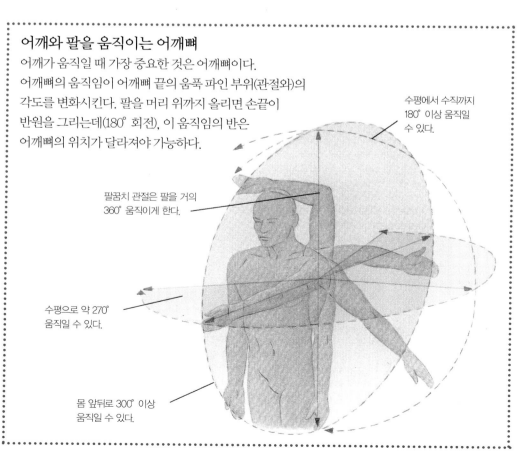

수평에서 수직까지 180° 이상 움직일 수 있다.

팔꿈치 관절은 팔을 거의 360° 움직이게 한다.

수평으로 약 270° 움직일 수 있다.

몸 앞뒤로 300° 이상 움직일 수 있다.

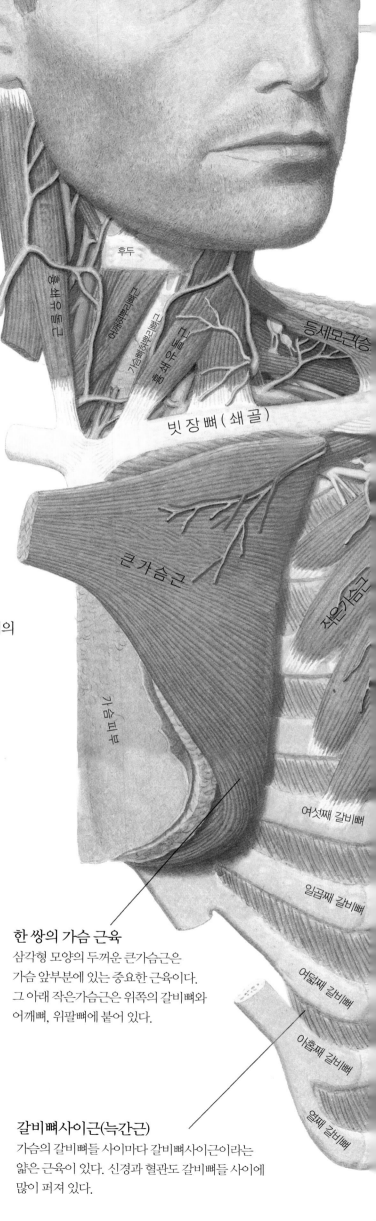

후두

등세모근(승

빗 장 뼈 (쇄 골)

큰 가슴근

작은가슴근

가슴피부

여섯째 갈비뼈

일곱째 갈비뼈

여덟째 갈비뼈

아홉째 갈비뼈

열째 갈비뼈

한 쌍의 가슴 근육

삼각형 모양의 두꺼운 큰가슴근은 가슴 앞부분에 있는 중요한 근육이다. 그 아래 작은가슴근은 위쪽의 갈비뼈와 어깨뼈, 위팔뼈에 붙어 있다.

갈비뼈사이근(늑간근)

가슴의 갈비뼈들 사이마다 갈비뼈사이근이라는 얇은 근육이 있다. 신경과 혈관도 갈비뼈들 사이에 많이 퍼져 있다.

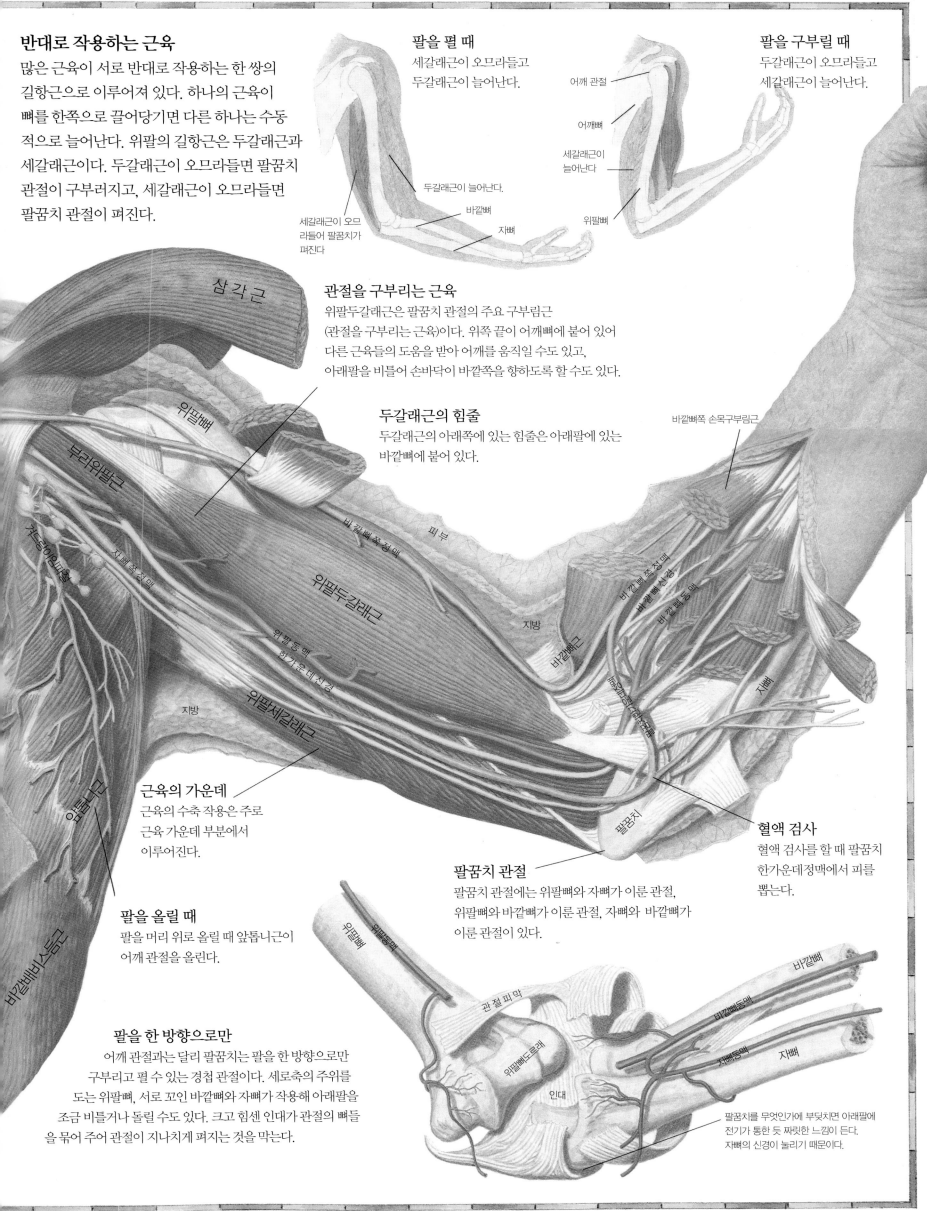

반대로 작용하는 근육

많은 근육이 서로 반대로 작용하는 한 쌍의 길항근으로 이루어져 있다. 하나의 근육이 뼈를 한쪽으로 끌어당기면 다른 하나는 수동적으로 늘어난다. 위팔의 길항근은 두갈래근과 세갈래근이다. 두갈래근이 오므라들면 팔꿈치 관절이 구부러지고, 세갈래근이 오므라들면 팔꿈치 관절이 펴진다.

팔을 펼 때
세갈래근이 오므라들고 두갈래근이 늘어난다.

세갈래근이 오므라들어 팔꿈치가 펴진다

두갈래근이 늘어난다.

바깥뼈

자뼈

팔을 구부릴 때
두갈래근이 오므라들고 세갈래근이 늘어난다.

어깨 관절

어깨뼈

세갈래근이 늘어난다

위팔뼈

삼각근

위팔뼈

부리위팔근

가드등이임판출

자뼈쪽정맥

바깥뼈쪽정맥

피부

위팔두갈래근

위팔동맥

한가운데신경

지방

위팔세갈래근

지방

바깥뼈쪽정맥

바깥뼈쪽신경

바깥뼈동맥

바깥뼈

한가운데정맥바깥뼈쪽줄기

자뼈

팔꿈치

바깥뼈쪽 손목구부림근

관절을 구부리는 근육
위팔두갈래근은 팔꿈치 관절의 주요 구부림근 (관절을 구부리는 근육)이다. 위쪽 끝이 어깨뼈에 붙어 있어 다른 근육들의 도움을 받아 어깨를 움직일 수도 있고, 아래팔을 비틀어 손바닥이 바깥쪽을 향하도록 할 수도 있다.

두갈래근의 힘줄
두갈래근의 아래쪽에 있는 힘줄은 아래팔에 있는 바깥뼈에 붙어 있다.

근육의 가운데
근육의 수축 작용은 주로 근육 가운데 부분에서 이루어진다.

엄브림근

바깥뼈쪽손목

팔을 올릴 때
팔을 머리 위로 올릴 때 앞톱니근이 어깨 관절을 올린다.

팔꿈치 관절
팔꿈치 관절에는 위팔뼈와 자뼈가 이룬 관절, 위팔뼈와 바깥뼈가 이룬 관절, 자뼈와 바깥뼈가 이룬 관절이 있다.

혈액 검사
혈액 검사를 할 때 팔꿈치 한가운데정맥에서 피를 뽑는다.

팔을 한 방향으로만
어깨 관절과는 달리 팔꿈치는 팔을 한 방향으로만 구부리고 펼 수 있는 경첩 관절이다. 세로축의 주위를 도는 위팔뼈, 서로 꼬인 바깥뼈와 자뼈가 작용해 아래팔을 조금 비틀거나 돌릴 수도 있다. 크고 힘센 인대가 관절의 뼈들을 묶어 주어 관절이 지나치게 펴지는 것을 막는다.

위팔뼈

위팔동맥

관절 피막

위팔뼈도르래

인대

바깥뼈

바깥뼈동맥

자뼈동맥

자뼈

팔꿈치를 무엇인가에 부딪치면 아래팔에 전기가 통한 듯 짜릿한 느낌이 든다. 자뼈의 신경이 눌리기 때문이다.

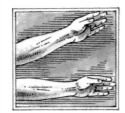

손목·손·손가락
The Wrist, Hand & Fingers

손은 바늘에 실을 꿸 수 있을 만큼 예민하고,
물건을 꽉 쥐거나 으깰 수도 있다. 뇌가 신경 체계를
통해 손의 움직임을 조절하기 때문에 가능하다.
27개의 뼈를 많은 관절이 이어 주고 있어 손은 자유롭게
움직일 수 있다. 근육과 힘줄, 혈관, 신경이 이 뼈들을
둘러싸고 있다.

인공 손

인류는 오랫동안 손처럼 일하는 산업용 로봇을 만들려고
노력해 왔다. 하지만 움직임이 매우 복잡하고 정교한 손을
만들기란 쉬운 일이 아니다. 사람의 손은 페인트를 칠하고,
용접을 하고, 구멍을 뚫고, 나사못을 박고, 부품을 조립한다.
반면 로봇은 하나하나의 작업을 하는 손이 따로 있어야 한다.

손목, 손바닥, 손가락

손은 손목, 손바닥, 손가락 부위로 나뉜다.
손목에는 4개씩 두 줄로 나란히 8개의
뼈가 있다. 이 중 4개는 바깥뼈, 자뼈와
연결되어 있다. 5개의 손목뼈는 손목
에서 손가락 관절까지 뻗어 있고, 14개의
손가락뼈가 손가락을 이룬다. 손의 뼈들을
묶어 주는 약 40개의 인대는 대부분
손목에 있다.

로봇이 따로따로 조정되는 세 개의
'손가락'으로 컵을 든다.

손금

손금도 지문처럼 사람마다 다르다.
손금을 보면 그 사람의 과거, 건강
상태, 운세를 알 수 있다고 믿는
사람들이 있다.

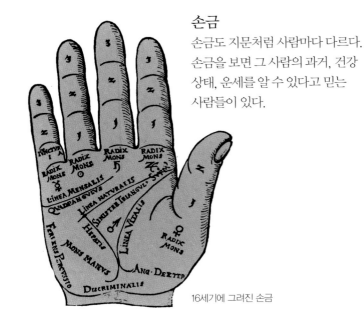

16세기에 그려진 손금

손바닥

엄지손가락부터 새끼손가락에 이르기까지 손가락뼈
위에는 긴 초(칼집)에 둘러싸인 힘줄이 엇갈려 있다.
이 힘줄들은 손가락의 움직임을 조정하는 아래팔의 강한
근육과 손가락뼈를 연결한다. 손바닥뼈에 붙어 있는
근육은 끌어당기는 힘이 강하고, 손의 모양을 유지시킨다.
바깥뼈동맥과 자뼈동맥에서 갈라진 작은 가지들이 손가락
끝까지 혈액을 공급한다.
그리고 바깥뼈신경, 자뼈신경, 한가운데신경에서 갈라진
신경들이 손바닥 전체에 퍼져 있다.

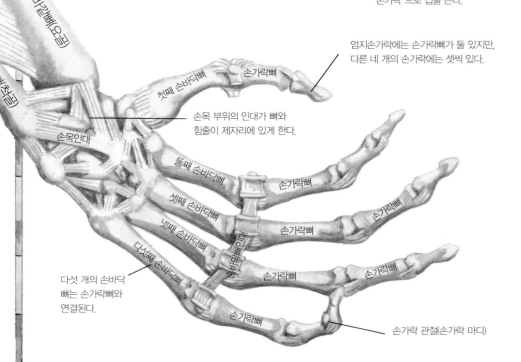

엄지손가락에는 손가락뼈가 둘 있지만,
다른 네 개의 손가락에는 셋씩 있다.

손목 부위의 인대가 뼈와
힘줄이 제자리에 있게 한다.

첫째 손바닥뼈
손가락뼈
손목인대
둘째 손바닥뼈
손가락뼈
셋째 손바닥뼈
손가락뼈
넷째 손바닥뼈
손가락뼈
다섯째 손바닥뼈
손가락뼈
손가락뼈
손가락뼈

바깥뼈(요골)
자뼈(척골)

다섯 개의 손바닥
뼈는 손가락뼈와
연결된다.

손가락 관절(손가락 마디)

쥐는 방법

아래 세 방법은 손이 얼마나 자유롭게 움직이는가를
나타낸다. 첫째, 엄지손가락과 집게손가락(또는 다른
손가락)으로 정확하고 교묘하게 쥐는 방법이 있다.
사람과 가까운 침팬지조차도 이렇게 쥘 수는 없다.
둘째, 손가락과 손바닥으로 둘러싸 둥근 물체를 안
정되게 쥐는 방법이 있다. 셋째, 철봉에
매달릴 때처럼 양쪽 손으로 힘껏 쥐어
몸의 무게를 지탱할 수도 있다.

정확하게 쥐는 방법은 여러 근육의 협조에
의해 이루어지는데, 안정성은 없다.

둥근 물체를 쥐는 방법은 공 같은 것을
쥘 때 쓴다. 손바닥이 다 닿아 안정성이 있다.

힘 있게 쥐는 방법은 네 개의 손가락으로
물건을 감싸고, 엄지손가락으로 힘을 준다.

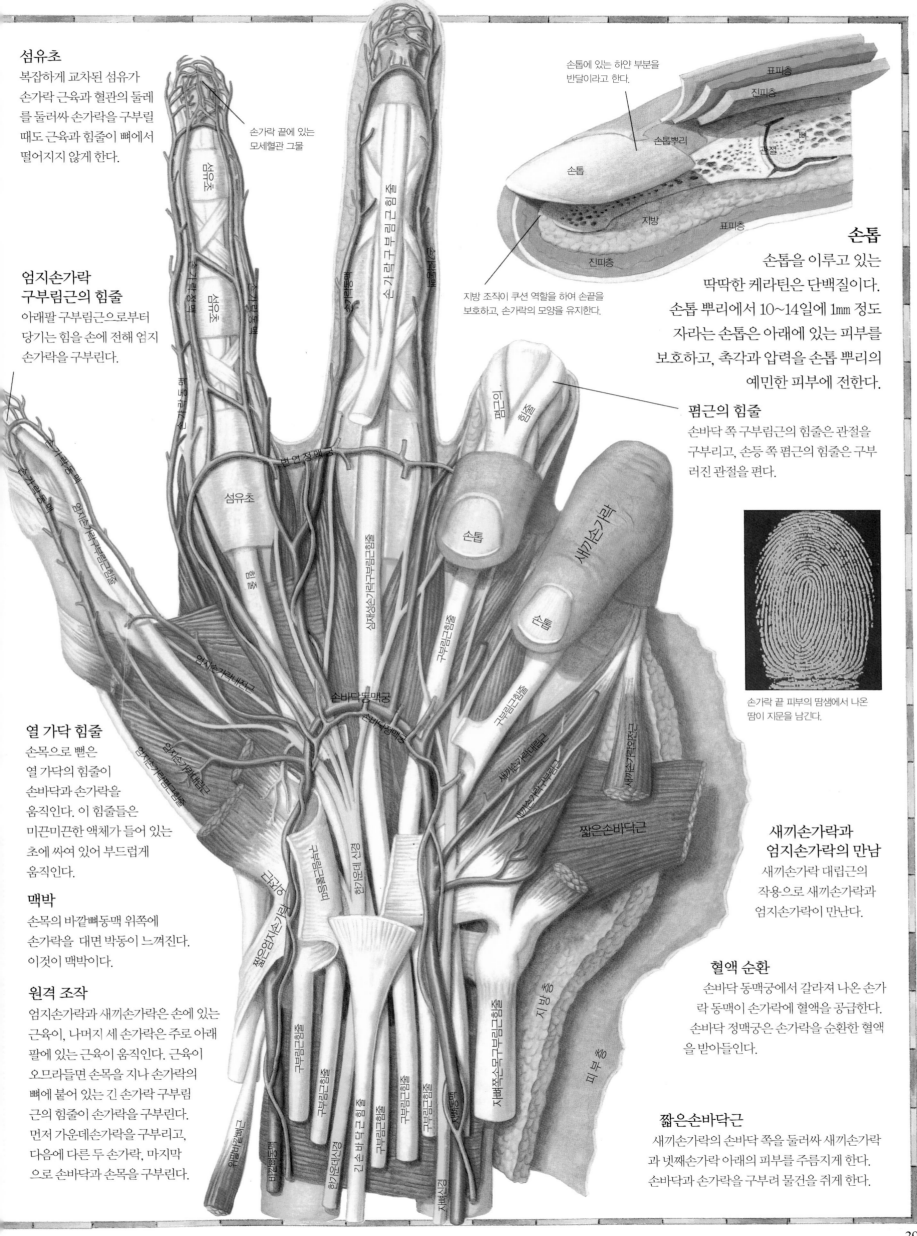

섬유초

복잡하게 교차된 섬유가 손가락 근육과 혈관의 둘레를 둘러싸 손가락을 구부릴 때도 근육과 힘줄이 뼈에서 떨어지지 않게 한다.

손가락 끝에 있는 모세혈관 그물

엄지손가락 구부림근의 힘줄

아래팔 구부림근으로부터 당기는 힘을 손에 전해 엄지손가락을 구부린다.

열 가닥 힘줄

손목으로 뻗은 열 가닥의 힘줄이 손바닥과 손가락을 움직인다. 이 힘줄들은 미끈미끈한 액체가 들어 있는 초에 싸여 있어 부드럽게 움직인다.

맥박

손목의 바깥뼈동맥 위쪽에 손가락을 대면 박동이 느껴진다. 이것이 맥박이다.

원격 조작

엄지손가락과 새끼손가락은 손에 있는 근육이, 나머지 세 손가락은 주로 아래팔에 있는 근육이 움직인다. 근육이 오므라들면 손목을 지나 손가락의 뼈에 붙어 있는 긴 손가락 구부림근의 힘줄이 손가락을 구부린다. 먼저 가운데손가락을 구부리고, 다음에 다른 두 손가락, 마지막으로 손바닥과 손목을 구부린다.

손톱에 있는 하얀 부분을 반달이라고 한다.

표피층
진피층
손톱뿌리
손톱
관절
지방
진피층
표피층

지방 조직이 쿠션 역할을 하여 손끝을 보호하고, 손가락의 모양을 유지한다.

손톱

손톱을 이루고 있는 딱딱한 케라틴은 단백질이다. 손톱 뿌리에서 10~14일에 1mm 정도 자라는 손톱은 아래에 있는 피부를 보호하고, 촉각과 압력을 손톱 뿌리의 예민한 피부에 전한다.

폄근의 힘줄

손바닥 쪽 구부림근의 힘줄은 관절을 구부리고, 손등 쪽 폄근의 힘줄은 구부러진 관절을 편다.

손가락 끝 피부의 땀샘에서 나온 땀이 지문을 남긴다.

새끼손가락과 엄지손가락의 만남

새끼손가락 대립근의 작용으로 새끼손가락과 엄지손가락이 만난다.

혈액 순환

손바닥 동맥궁에서 갈라져 나온 손가락 동맥이 손가락에 혈액을 공급한다. 손바닥 정맥궁은 손가락을 순환한 혈액을 받아들인다.

짧은손바닥근

새끼손가락의 손바닥 쪽을 둘러싸 새끼손가락과 넷째손가락 아래의 피부를 주름지게 한다. 손바닥과 손가락을 구부려 물건을 쥐게 한다.

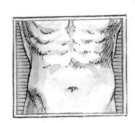

배 *The Lower Torso*

생명 유지를 위해 몸속에서 이루어지는
물질의 화학적 변화를 물질대사(신진대사)라 한다.
위와 장(창자) 등의 소화 기관이 영양분이 풍부한 물질을
소화 흡수하는데, 음식물을 섭취한다고 해서 그것이 곧
몸의 일부가 되지는 않는다. 위와 장의 내벽을 통해 몸의
조직에 흡수되어야 한다.
장에서 소화되지 않은 음식물이나 소화시키고 남은
찌꺼기 등은 항문을 통해 몸 밖으로 내보내고, 혈액에서
거른 노폐물은 요도를 통해 내보낸다.
뱃속의 맨 위에 있는 간은 마치 화학공장처럼 좌우 두
개의 엽에서 수백 가지 일을 한다.

뱃속의 혈관
뱃속의 기관들에 혈액을 공급하는 그물 모양의 동맥
과 정맥은 대부분 대장과 소장 뒤쪽에 있다. 이 혈관
들 뒤쪽에 신장(콩팥)이 있다.

뱃속의 주요 기관
배의 위쪽에는 가로막이 있고, 뒤쪽에는 척주와 궁둥
이뼈, 등 근육이 있다. 옆쪽과 앞쪽의 복벽은 커다란
섬유막에 닿아 있고, 아래쪽에는 골반이 있다.

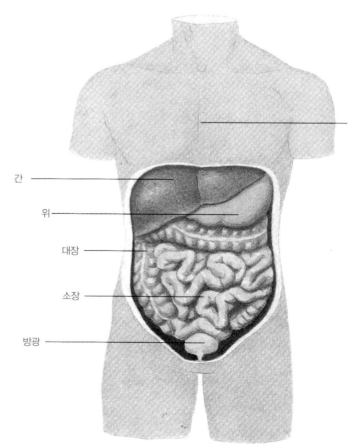

가슴
간
위
대장
소장
방광

가로막(횡격막)
간
다섯째 갈비뼈
갈비뼈사이근
여섯째 갈비뼈
갈비뼈사이근
일곱째 갈비뼈
여덟째 갈비뼈
아홉째 갈비뼈
열째 갈비뼈
배바깥쪽빗근육
배안쪽빗근육
가로배근
위로뻗은결장(상행결장)
맹장
아래로뻗은결장
골반

복벽
넓은 세 장의 근육 막이
배의 앞쪽을 덮고 있다.

끝이 막힌 관
끝이 막힌 이 관은 대장이 시작되는 곳에서 갈라져 나왔다.
초식동물의 충수는 몸의 크기에 비해 크고 음식을 소화시키는
일을 한다. 수백만 년 전에는 인류도 충수를 사용했는지 모른다.
하지만 지금은 쓸모없어져 충수염(흔히 맹장염이라고 잘못 알고
있다)을 앓아야 비로소 관심을 갖는다.

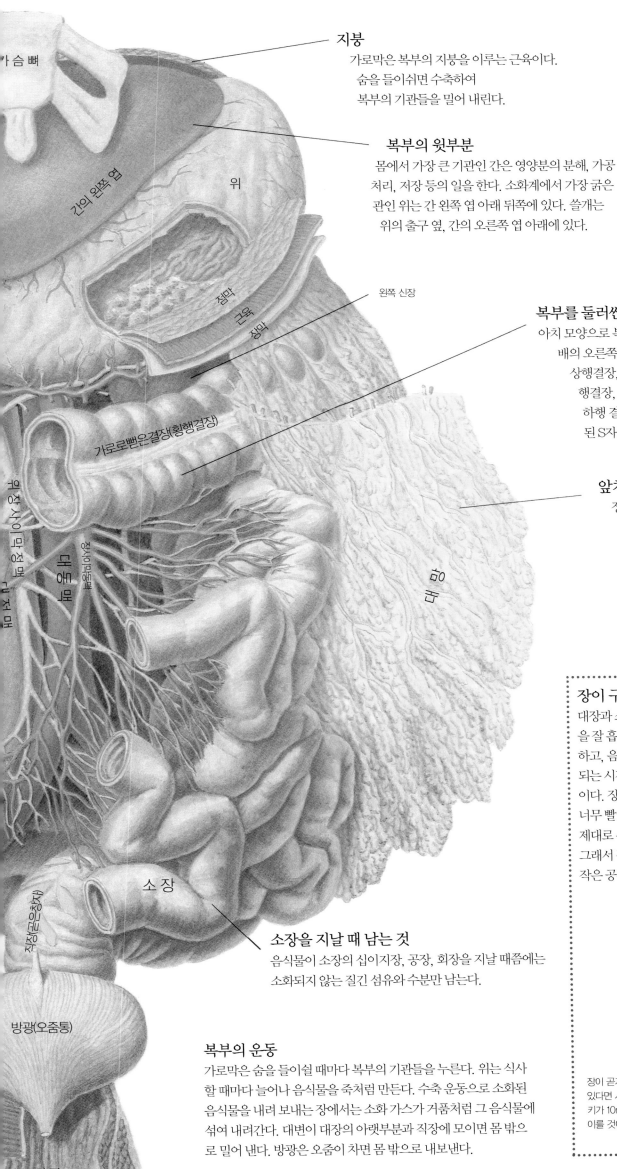

가슴 뼈

지붕
가로막은 복부의 지붕을 이루는 근육이다.
숨을 들이쉬면 수축하여
복부의 기관들을 밀어 내린다.

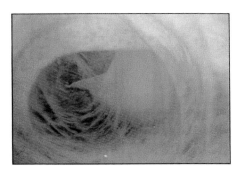

내시경을 통해 찍은 소장 내벽 사진

복부의 윗부분
몸에서 가장 큰 기관인 간은 영양분의 분해, 가공
처리, 저장 등의 일을 한다. 소화계에서 가장 굵은
관인 위는 간 왼쪽 엽 아래 뒤쪽에 있다. 쓸개는
위의 출구 옆, 간의 오른쪽 엽 아래에 있다.

간의 왼쪽 엽

위

점막

근육

장막

왼쪽 신장

복부를 둘러싼 대장
아치 모양으로 복부를 둘러싼 대장은 네 부분으로 나누어진다.
배의 오른쪽 아래에서 시작하여 위를 향해 간 쪽으로 뻗은
상행결장, 간 아래에서 왼쪽으로 구부러져 가로로 뻗은 횡
행결장, 위를 따라 조금 올라가다가 내려가 아래로 뻗은
하행 결장, 골반 위 가까운 곳에서 구부러져 직장과 연결
된 S자 결장이 그것이다.

가로로뻗은결장(횡행결장)

위창자아래막창자

대동맥

창자사이막동맥

앞치마
장의 앞에 앞치마처럼 늘어뜨려져 있는 복막(복부의
내면을 덮고 있는 막)을 대망이라고 한다. 대망에는
림프절(병균으로부터 몸을 막는다)과 지방세포,
혈관이 있다.

대망

장이 구불구불한 까닭
대장과 소장이 긴 이유는 음식물
을 잘 흡수하도록 표면적을 크게
하고, 음식물이 지나가면서 소화
되는 시간을 충분히 주기 위해서
이다. 장이 짧으면 음식물이
너무 빨리 지나가서 영양분을
제대로 흡수할 수 없을 것이다.
그래서 장은 둘둘 말려 복부의
작은 공간에 꽉 차 있다.

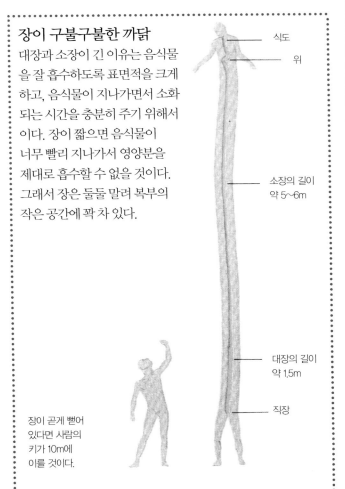

식도

위

소장의 길이
약 5~6m

대장의 길이
약 1.5m

직장

장이 곧게 뻗어
있다면 사람의
키가 10m에
이를 것이다.

소장

곧창자(곧은창자)

소장을 지날 때 남는 것
음식물이 소장의 십이지장, 공장, 회장을 지날 때쯤에는
소화되지 않는 질긴 섬유와 수분만 남는다.

방광(오줌통)

복부의 운동
가로막은 숨을 들이쉴 때마다 복부의 기관들을 누른다. 위는 식사
할 때마다 늘어나 음식물을 죽처럼 만든다. 수축 운동으로 소화된
음식물을 내려 보내는 장에서는 소화 가스가 거품처럼 그 음식물에
섞여 내려간다. 대변이 대장의 아랫부분과 직장에 모이면 몸 밖으
로 밀어 낸다. 방광은 오줌이 차면 몸 밖으로 내보낸다.

직장

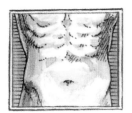

위 *The Stomach*

여러 층의 근육으로 이루어진 J자 모양의 위는 음식물을 잘게 부숴 걸쭉한 죽처럼 만든다. 위의 점막에서 분비되는 위산과 소화 효소라는 화학 물질을 섞어 음식물을 화학적으로 분해한다. 위산과 소화 효소에 견딜 수 있는 세균이 거의 없어 음식물에 대한 살균 효과도 있다. 위는 최대 2ℓ 정도의 음식물을 담을 정도로 늘어날 수 있다.

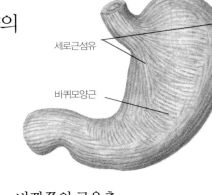

세로근섬유
바퀴모양근

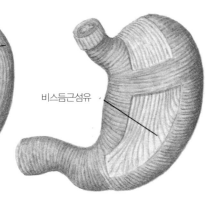

비스듬근섬유

바깥쪽의 근육층
위의 바깥쪽 장막 아래에는 세로 근육 이라는 근육 섬유의 층이 양쪽 옆에 뻗어 있다. 그 아래에 위 전체를 감싸고 있는 바퀴모양근의 층이 있다.

안쪽의 근육층
바퀴모양근 아래에 근육 섬유가 비스듬히 뻗은 비스듬근의 층이 있다. 이 세 근육이 위를 수축시켜 음식물을 짓누른다.

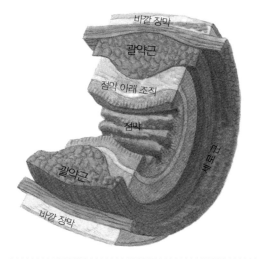

바깥 장막
괄약근
점막 아래 조직
점막
괄약근
세로근
바깥 장막

음식물의 출구
위와 십이지장 사이에 있는 위뒷문괄약근 은 보통 때는 닫혀 있다가 음식물이 소화 되는 동안 한 번에 몇 초씩 열린다. 위의 근육이 수축하여 밀면 소화된 음식물이 위뒷문괄약근을 거쳐 십이지장으로 내려간다.

위의 확장과 수축
음식물이 위를 거쳐 십이지장으로 내려가기까지는 평균 6시간이 걸린다. 탄수화물이 많은 음식물은 2~3시간이면 소화되고, 고단백질 음식은 조금 더 걸린다. 지방이 많은 음식물은 7~8시간이 지나도 위에서 조금씩 내려가고 있다.

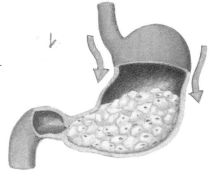

침에 섞이고 씹혀 분해된 음식물은 부드러운 덩어리가 되어 위에 다다른다.

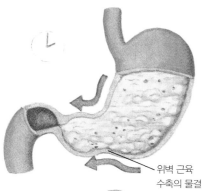

1~2시간이 지나면 음식물은 위산과 소화 효소에 짓이겨져 미즙이라는 크림 모양의 액체가 된다. 십이지장으로 밀려 내려갈 준비가 된 것이다.

위벽 근육 수축의 물결

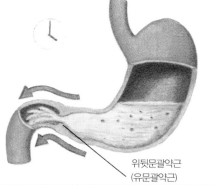

몇 시간이 지나면 음식물은 위의 출구인 위뒷문괄약근을 통해 조금씩 십이지장으로 내려간다. 음식물이 내려가면서 위는 바람 빠진 풍선처럼 천천히 줄어든다.

위뒷문괄약근 (유문괄약근)

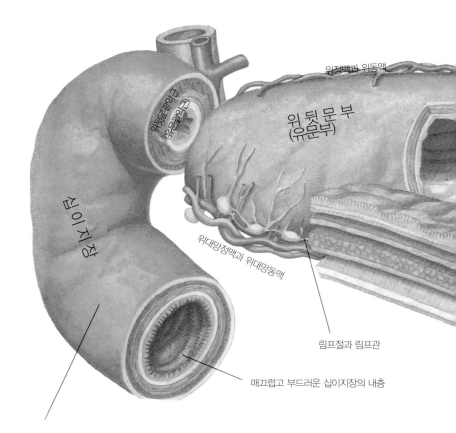

위정맥과 위동맥
위뒷문괄약근 (유문괄약근)
위 뒷 문 부 (유문부)
십이지장
위대망정맥과 위대망동맥
림프절과 림프관
매끄럽고 부드러운 십이지장의 내층

강한 힘으로
음식물이 위에서 내려갈 때가 되면 위뒷문부의 근육이 연동 운동 (근육의 수축으로 생긴 잘록해진 곳이 물결처럼 천천히 전파되어 가는 운동)의 강한 힘으로 음식물을 밀어 낸다.

혈액 순환
복부 대동맥에서 갈라진 동맥이 산소가 많은 신선한 혈액을 위에 공급한다. 정맥은 산소가 적은 혈액을 심장으로 돌려보내고, 일부 혈액은 문맥의 가는 가지들을 거쳐 간으로 간다. 당분과 알코올 등 위벽에서 흡수된 혈액 속의 물질들을 간에서 처리한다.

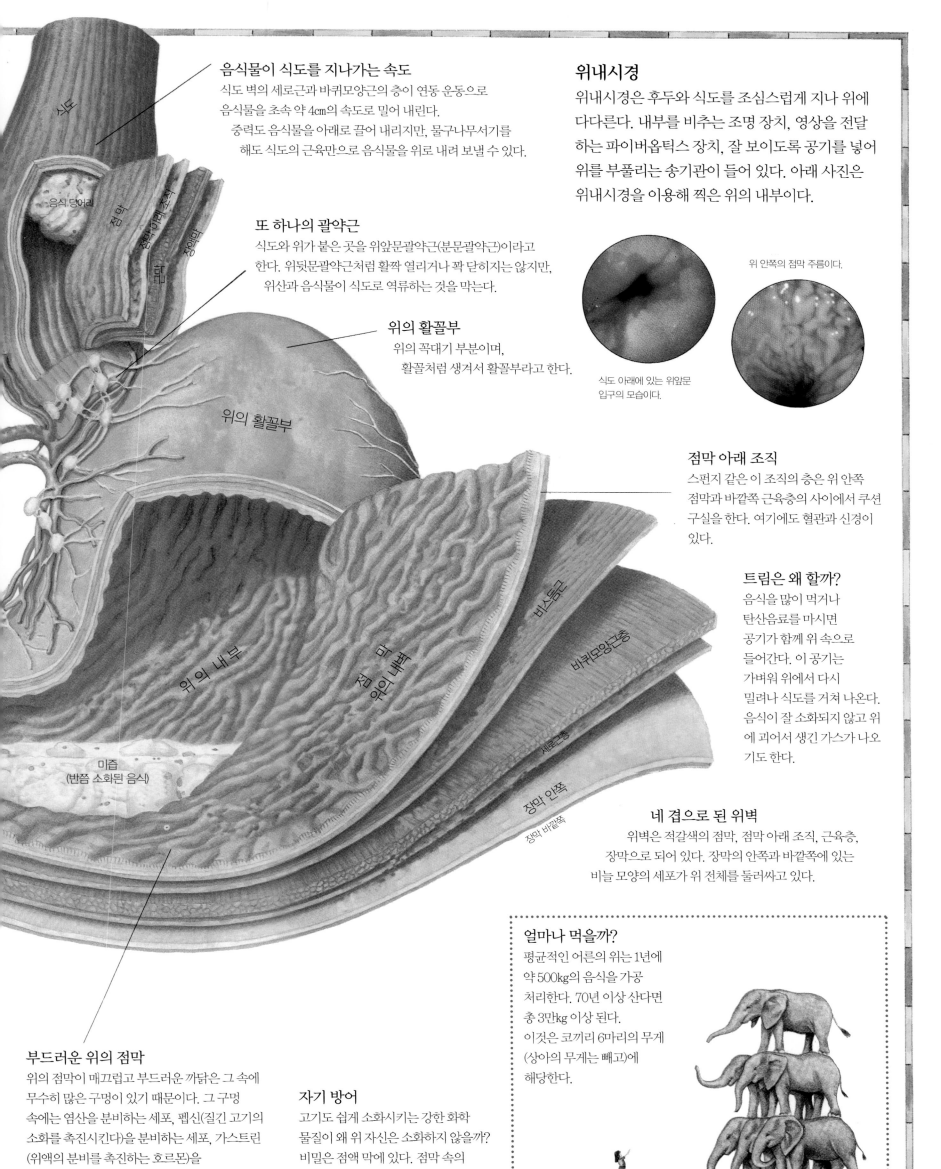

음식물이 식도를 지나가는 속도
식도 벽의 세로근과 바퀴모양근의 층이 연동 운동으로
음식물을 초속 약 4cm의 속도로 밀어 내린다.
중력도 음식물을 아래로 끌어 내리지만, 물구나무서기를
해도 식도의 근육만으로 음식물을 위로 내려 보낼 수 있다.

식도

음식 덩어리

또 하나의 괄약근
식도와 위가 붙은 곳을 위앞문괄약근(분문괄약근)이라고
한다. 위뒷문괄약근처럼 활짝 열리거나 꼭 닫히지는 않지만,
위산과 음식물이 식도로 역류하는 것을 막는다.

위의 활꼴부
위의 꼭대기 부분이며,
활꼴처럼 생겨서 활꼴부라고 한다.

위의 활꼴부

위 의 내부

점 막 의 내벽

미즙
(반쯤 소화된 음식)

비스듬근

바퀴모양근층

세로근층

장막 안쪽

장막 바깥쪽

위내시경
위내시경은 후두와 식도를 조심스럽게 지나 위에
다다른다. 내부를 비추는 조명 장치, 영상을 전달
하는 파이버옵틱스 장치, 잘 보이도록 공기를 넣어
위를 부풀리는 송기관이 들어 있다. 아래 사진은
위내시경을 이용해 찍은 위의 내부이다.

위 안쪽의 점막 주름이다.

식도 아래에 있는 위앞문
입구의 모습이다.

점막 아래 조직
스펀지 같은 이 조직의 층은 위 안쪽
점막과 바깥쪽 근육층의 사이에서 쿠션
구실을 한다. 여기에도 혈관과 신경이
있다.

트림은 왜 할까?
음식을 많이 먹거나
탄산음료를 마시면
공기가 함께 위 속으로
들어간다. 이 공기는
가벼워 위에서 다시
밀려나 식도를 거쳐 나온다.
음식이 잘 소화되지 않고 위
에 괴어서 생긴 가스가 나오
기도 한다.

네 겹으로 된 위벽
위벽은 적갈색의 점막, 점막 아래 조직, 근육층,
장막으로 되어 있다. 장막의 안쪽과 바깥쪽에 있는
비늘 모양의 세포가 위 전체를 둘러싸고 있다.

얼마나 먹을까?
평균적인 어른의 위는 1년에
약 500kg의 음식을 가공
처리한다. 70년 이상 산다면
총 3만kg 이상 된다.
이것은 코끼리 6마리의 무게
(상아의 무게는 빼고)에
해당한다.

부드러운 위의 점막
위의 점막이 매끄럽고 부드러운 까닭은 그 속에
무수히 많은 구멍이 있기 때문이다. 그 구멍
속에는 염산을 분비하는 세포, 펩신(질긴 고기의
소화를 촉진시킨다)을 분비하는 세포, 가스트린
(위액의 분비를 촉진하는 호르몬)을
만드는 세포가 있다. 위가 수축하면 점막은
두꺼워져 주름이 잡힌다.

자기 방어
고기도 쉽게 소화시키는 강한 화학
물질이 왜 위 자신은 소화하지 않을까?
비밀은 점액 막에 있다. 점막 속의
특정한 세포가 위의 내부를 보호하는
위액을 끊임없이 공급한다.

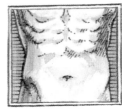

간·이자(췌장)·지라(비장)
The Liver, Pancreas & Spleen

간은 600가지 이상의 물질대사 기능을 가진 화학 공장이다.
크게는 저장, 대사, 합성, 해독의 기능을 하는데, 영양분과
에너지를 공급하는 당분을 가공하여 저장하고, 혈액을 걸러
그 성분을 재생시키는가 하면, 위험한 화학 물질을 해독한다.
그리고 소화를 돕는 쓸개즙을 만들고, 비타민과 미네랄을
저장한다.
이자는 소화 효소를 만들고, 인슐린과 글루카곤이라는
호르몬을 분비하여 각 세포의 에너지 사용을 조절
한다. 지라는 세균과 싸우고, 혈액을 걸러 혈액의
건강을 유지시킨다.

간의 엽(잎)
가장 큰 장기인 간은 무게가
1.4kg 정도이다.
간겸상인대(낫 모양의 인대)를
경계로 하여 오른쪽 엽과
왼쪽 엽으로 나뉜다.

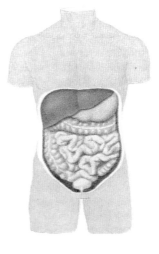

간이 있는 곳
간의 가장 위쪽은 오른쪽
젖꼭지 조금 뒤에 있다.
이자는 몸통의 왼쪽 끝,
위 바로 아래에 있고,
지라는 위 왼쪽 뒤에
있다. 아래쪽 갈비뼈들이
이들을 둘러싸 보호한다.

간 오른쪽 엽
왼쪽 엽
간낫모양사이막
쓸개(담낭)
간 오른쪽 엽
복막
십이지장 윗부분

간소엽
간은 7만 5천여 개의 소엽(작은 엽)으로 이루어졌다.
지름 약 1mm의 각 소엽 속에는 중심 정맥이 있고,
간세포가 그 주위에 부채처럼 퍼져 있다.
세포들 사이의 공간을 동양혈관(동굴
모양의 혈관)이라고 하는데, 산소가
많은 혈액을 간세포에 끊임없이
공급한다. 간 동맥의 가지,
문맥의 가지, 간관의
가지들이 각 소엽을
둘러싸고 있다.

간정맥
중심정맥

동양혈관
간세포
간동맥 가지
간정맥 가지
간관·쓸개즙관 가지
문맥

쓸개(담낭)
길이 약 10cm의 주머니로, 간에서
만든 쓸개즙(담즙)을 저장한다. 액체,
염류, 노폐물 등이 섞인 노란 쓸개즙은
음식물 속의 지방을 분해하여 소화한다.

쓸개가 없으면?
쓸개를 떼어낸다면 간은
쓸개즙을 십이지장으로 직접
내보낸다. 간은 복원력이 뛰어
나 4분의 3 정도를 잃어도 나머
지만으로 기능을 계속하며, 원래
의 크기로 돌아간다.

작은십이지장유두
부이자액관
십이지장
쓸개즙관
이자액관
큰십이지장유두
이자머리부분
꼬리부
지라정맥

쓸개즙관(담관)
간에서 매일 1ℓ 정도 만들어지는 쓸개즙은 쓸개에 저장된다.
위가 십이지장으로 음식물을 밀어 내면 호르몬이 분비되어 쓸개의
근육이 수축하고, 쓸개즙을 십이지장으로 흘려보낸다. 어떨 때는
간관과 쓸개즙관을 거쳐 십이지장으로 직접 흘러가기도 한다.

비타민 저장

간은 음식물에서 섭취한 비타민 A, D, E, K와 구리, 철 등의 미네랄을 저장했다가 필요시 혈액 속으로 내보낸다.

림프액 공급

간에서 나오는 림프액에는 단백질이 풍부하다. 림프액 일부는 림프관과 림프절 등 림프계를 순환하고, 나머지는 혈관계에 들어가 심장 가까이 있는 대정맥으로 들어간다.

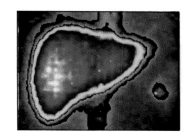

붉게 염색된 간의 컬러 스캔. 간 뒤에 척주가 보인다.(실물과는 색이 다르다)

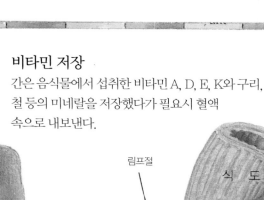

림프절

식 도

간의 뾰족한 끝(간첨단부)

간의 내부

위

위동맥
위정맥

지라동맥

대정맥

간동맥

위의 내부

지라동맥
지라정맥

복막

흰색 수질

이자(췌장) 꼬리

지라(비장)

수질

이자액관 (췌관)

이자 (췌장)

지라동맥과 지라정맥의 가지

지라(비장)

사람 주먹보다 조금 작은 검붉은 지라는 사람에 따라, 건강 상태에 따라, 또는 식후인가 식전인가에 따라 크기가 다르다. 병균과 싸우는 림프구를 만드는 등 림프계 기관이 하는 일을 일부 담당한다.

혈액 저장

간과 마찬가지로 지라도 여분의 혈액을 저장한다. 위급할 때 신경에서 신호가 오면 저장했던 혈액을 혈관 속으로 내보낸다.

수질

지라 속에는 백혈구가 많은 흰색 수질과 오래된 적혈구를 분해하고 재활용하는 붉은색 수질이 있다.

지라동맥

많은 혈액을 공급하기 위해 지라 앞에서 다섯 개의 가지로 갈라져 들어간다.

소화를 돕는 이자(췌장)

이자는 효소가 든 이자액을 매일 1ℓ 이상 만든다. 이자액은 이자액관을 통해 십이지장으로 가서 소화를 돕는다. 위액의 강한 산을 중화시켜 십이지장이 소화되지 않게 한다.

호르몬을 분비하는 이자

혈당량을 조절하는 인슐린과 글루카곤은 '랑게르한스섬'이라는 작은 세포들의 무리 속에서 만들어진다. 이 호르몬들은 소화액처럼 이자관을 통해 흐르지 않고 랑게르한스섬에서 직접 이자 속의 혈관으로 들어가 온몸을 돈다.

결장동맥
결장정맥

문맥

문맥

간에는 두 종류의 혈액이 흘러든다. 하나는 간동맥에서 들어오는 산소가 많은 혈액이고, 다른 하나는 위와 장으로부터 문맥을 통해 들어오는 영양분이 많은 혈액이다.

혈액 재활용

적혈구는 만들어진 지 120일쯤 지나면 수명이 끝난다. 지라는 이러한 적혈구를 재활용하는 센터이다. 혈액이 지라를 지나갈 때 대식세포(매크로파지)가 수명이 끝난 적혈구들을 먹어 치운다. 철과 같이 쓸모 있는 물질은 모아 혈액 속으로 돌려 보내고, 오래된 세포의 나머지 부분은 부숴 버린다. 잘못 만들어진 세포나 제대로 일하지 못하는 세포도 함께 부숴 버린다.

대식세포는 공장 직원이 불량품을 골라내듯 수명이 끝난 세포를 없앤다.

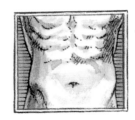

장(창자) *The Intestines*

위를 통과한 음식물 중 몸에 필요한 물질은
소장과 대장을 지나면서 흡수된다.
소장은 입과 위를 지나면서 죽처럼 된 음식물에 또 소화
효소와 소화액을 끼얹는다. 소화 결과 만들어진 영양분의
대부분은 장의 벽에 있는 혈관과 림프관에 흡수된다.
대장은 음식물에서 수분과 필요한 미네랄을 흡수
하고, 남은 찌꺼기는 항문을 통해 배설된다.

장사이막

뱃속의 내벽을 덮고 있는 얇은 복막의 일부이다.
뒤쪽 복벽에 붙어 있는 장사이막의 끝은 부채처럼
퍼져 구불구불한 장을 감싸고 있다. 혈액과 림프액이
장으로 흐르게 하며, 장이 꼬이지 않도록 붙잡는다.

소화관의 생김새

오른쪽 그림은 소장과 대장을
보여주기 위해 위와 간을 들어
냈다. 소장과 대망을 왼쪽으로
제쳐 놓아 뒤에 있는 장사이막이
보이게 했다. 대장에 혈관이
거미줄처럼 퍼져 있다.

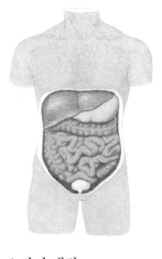

소장과 대장

위 그림처럼 소장은 위·간·이자
아래에 구불구불 꼬여 있고, 오른쪽
아래에서 위로 뻗은 대장은 간과
위의 아래를 가로질러 왼쪽 아래로
뻗어 있다.

대망
공장
대장
소장
결장
장사이막
장막
근육층
점막
회장 내부

장의 벽에는 손톱만한
넓이에 약 3천 개의
융모가 나 있다.

융모의 길이는
약 1mm이다.

회장은 소장에서
가장 길다.

세정맥가는정맥
유미관
세동맥가는동맥
융털(융모)
미세융모
유미관의솔가지
융모

융털과 미세융털(융모)

소장 내벽의 주름 속에는 작은
융모가 나 있다. 융모의 표면은 수백
개의 미세융모에 덮인 세포로 이루어졌고,
융모 속에는 세동맥과 세정맥, 그리고 유미관
이라는 작은 림프관이 있다.
소장을 지나는 영양분은 융모의 혈관과 림프관 속으로
들어가 각 조직으로 운반된다. 주름과 융모, 미세융모가
소장의 표면적을 8배로 늘려 소화·흡수가 빠르고
효과적으로 이루어질 수 있게 한다.

근육이
수축·이완하여
음식을 나른다

세로근

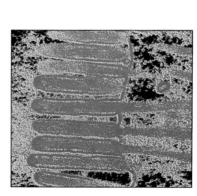

십이지장 내벽의 미세융털을 2만 배 확대한
현미경 사진. 융모의 색은 사진처럼 붉은색이
아니다.

점막 속에는 가는 정맥,
가는 동맥, 얇은 근육이
있다.

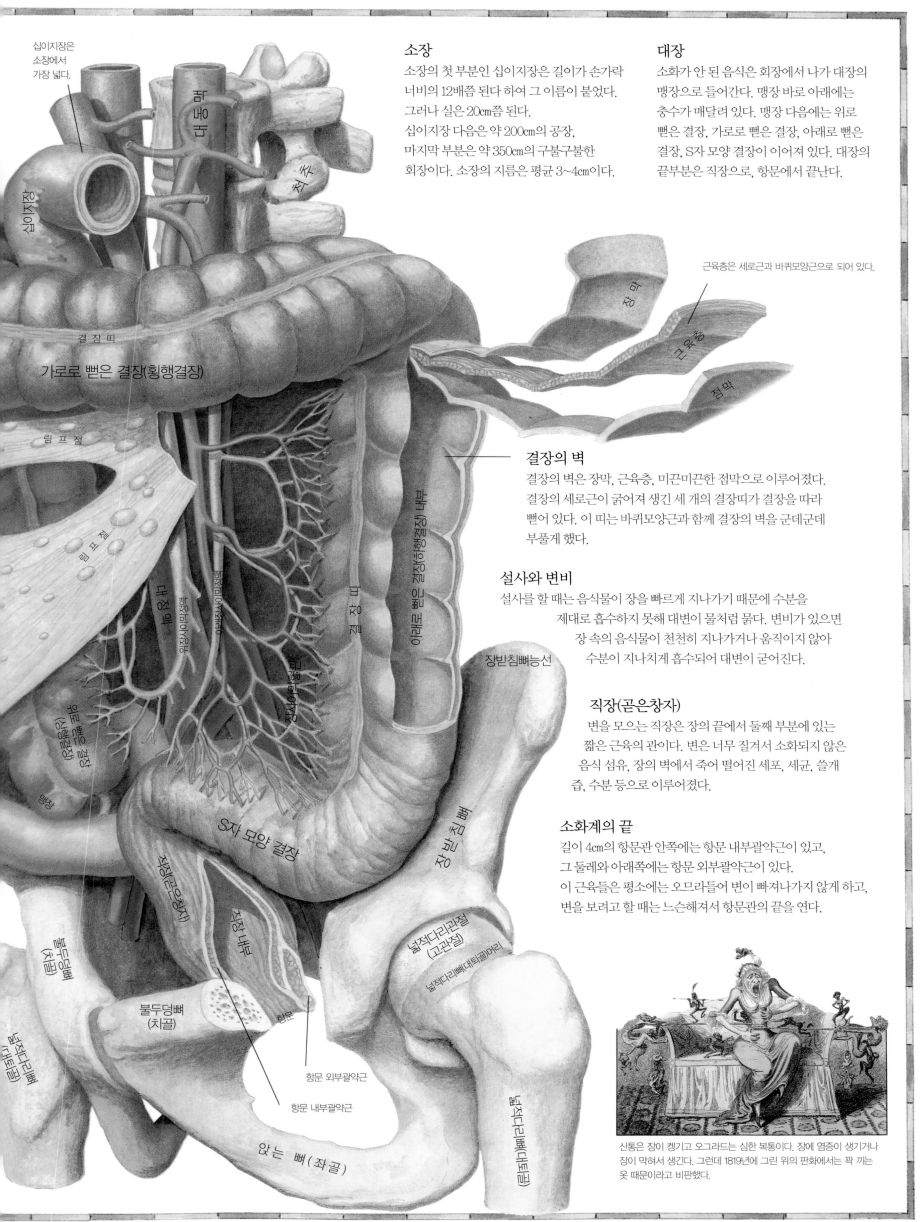

십이지장은 소장에서 가장 넓다.

소장

소장의 첫 부분인 십이지장은 길이가 손가락 너비의 12배쯤 된다 하여 그 이름이 붙었다. 그러나 실은 20cm쯤 된다.
십이지장 다음은 약 200cm의 공장, 마지막 부분은 약 350cm의 구불구불한 회장이다. 소장의 지름은 평균 3~4cm이다.

대장

소화가 안 된 음식은 회장에서 나가 대장의 맹장으로 들어간다. 맹장 바로 아래에는 충수가 매달려 있다. 맹장 다음에는 위로 뻗은 결장, 가로로 뻗은 결장, 아래로 뻗은 결장, S자 모양 결장이 이어져 있다. 대장의 끝부분은 직장으로, 항문에서 끝난다.

근육층은 세로근과 바퀴모양근으로 되어 있다.

장막

근육층

점막

결장의 벽

결장의 벽은 장막, 근육층, 미끈미끈한 점막으로 이루어졌다. 결장의 세로근이 굵어져 생긴 세 개의 결장띠가 결장을 따라 뻗어 있다. 이 띠는 바퀴모양근과 함께 결장의 벽을 군데군데 부풀게 했다.

설사와 변비

설사를 할 때는 음식물이 장을 빠르게 지나가기 때문에 수분을 제대로 흡수하지 못해 대변이 물처럼 묽다. 변비가 있으면 장 속의 음식물이 천천히 지나가거나 움직이지 않아 수분이 지나치게 흡수되어 대변이 굳어진다.

직장(곧은창자)

변을 모으는 직장은 장의 끝에서 둘째 부분에 있는 짧은 근육의 관이다. 변은 너무 질겨서 소화되지 않은 음식 섬유, 장의 벽에서 죽어 떨어진 세포, 세균, 쓸개 즙, 수분 등으로 이루어졌다.

소화계의 끝

길이 4cm의 항문관 안쪽에는 항문 내부괄약근이 있고, 그 둘레와 아래쪽에는 항문 외부괄약근이 있다. 이 근육들은 평소에는 오므라들어 변이 빠져나가지 않게 하고, 변을 보려고 할 때는 느슨해져서 항문관의 끝을 연다.

쓸개즙

척추

가로로 뻗은 결장(횡행결장)

결장띠

림프절

장간막

대정맥

아래로 뻗은 결장(하행결장)

위로 뻗은 결장(상행결장)

창자간막동맥

결장띠

결장벽

맹장

장받침뼈능선

S자 모양 결장

직장(곧은창자)

직장 내부

장막

넓적다리관절(고관절)

넓적다리뼈(대퇴골)머리

볼기뼈(치골)

불두덩뼈(치골)

항문

넓적다리뼈(대퇴골)

항문 외부괄약근

항문 내부괄약근

앉는 뼈(좌골)

산통은 장이 켕기고 오그라드는 심한 복통이다. 장에 염증이 생기거나 장이 막혀서 생긴다. 그런데 1819년에 그린 위의 판화에서는 꼭 끼는 옷 때문이라고 비판했다.

47

신장과 방광 The Kidneys & Bladder

소화·흡수되고 남은 음식 찌꺼기는 장에서 처리되지만, 물질대사의 결과로 생긴 노폐물은 세포 속에 들어 있다. 이러한 노폐물은 혈액으로 들여가 신장에서 걸러진다. 신장은 필요 없는 미네랄, 넘쳐나는 수분을 혈액에서 뽑아내어 노폐물과 함께 내보낼 준비를 한다. 이렇게 하여 생긴 액체가 오줌이다. 오줌은 요관을 통해 방광으로 조금씩 흘러든다. 오줌이 차면 방광 벽에 있는 감지기가 오줌 볼 때가 되었다고 뇌에 알린다. 그러면 방광의 출구에 있는 요도괄약근이 느슨해지고, 방광 벽의 근육이 오므려 오줌을 밀어내 몸 밖으로 내보낸다.

신장의 위치

간과 위 아래에 있는 두 개의 신장은 아래쪽에 있는 갈비뼈들에 싸여 혈액을 정화시킨다. 오른쪽 것이 왼쪽 것보다 1~2cm 정도 낮게 있다.

신장의 생김새

신장에는 네프론이라는 여과기가 100만 개쯤 있어 혈액을 정화시킨다. 혈액이 사구체(모세 혈관 뭉치)를 지나갈 때 사구체를 둘러싸고 있는 보먼주머니로 혈액 속의 노폐물과 수분이 빠져 나간다. 그리고 U자 모양의 세뇨관을 지나면서 수분과 쓸모 있는 미네랄은 다시 혈액 속으로 흡수된다. 나머지는 집합관 속으로 흘러든다. 신장은 몸속에 있는 수분의 양을 조절하기도 한다.

신장에 있는 혈관

좌우 신장에 하나씩 뻗어 있는 신장동맥이 1분에 1.2ℓ 이상의 혈액을 운반한다. 신장에 들어간 혈액의 99.9% 이상이 신장맥을 통해 나가고, 0.1% 미만이 오줌으로 걸러진다.

부신

좌우 신장의 위에 부신이라는 내분비 기관이 하나씩 붙어 있어 위험 상황에 처했을 때 반응하도록 호르몬을 분비한다.

신장의 수질

수질에는 집합관이 모인 약 15개의 부채 모양이 있다. 이것들은 혈관이 지나가는 신장 기둥에 의해 서로 떨어져 있다.

오줌이 흐르는 관

오줌은 수질의 바닥에서 신유두라는 작은 구멍을 지나 작은신장술으로 흘러들어간다. 작은신장술이 모여 큰신장술이 되고, 이것이 모여 신우가 된다.

요관(오줌관)

길이 약 30cm의 요관은 굵기가 볼펜심 만하다. 요관의 벽에 있는 근육이 물결치듯 수축하여 오줌을 방광 속으로 조금씩 밀어 넣는다.

신장 각 부위의 이름은 주위에 있는 다른 기관의 이름에서 비롯되었다.

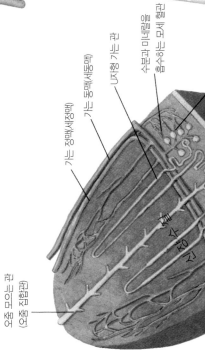

캄퍼티로 쌀을 청한 네프론의 현미경 사진. 사구체(오렌지색)와 그것을 둘러싸는 보먼주머니(노란색)가 보인다.

결장 부위 · 지라(비장) 부위 · 간(제장) 부위 · 신 장 · 위 부위 · 부신 · 수질 · 신장기둥 · 신장피막 · 작은신장술 · 큰신장술 · 신우 · 요관 · 신장동맥 · 신장정맥 · 정소동맥 · 정소정맥 · 콩팥 · 방광

가는 동맥(세동맥) · U자형 가는 관 · 수분과 미네랄을 흡수하는 모세 혈관 · 사구체와 그것을 둘러싼 보먼주머니 · 가는 정맥(세정맥) · 오줌 모으는 관(오줌 집합관) · 각 신장은 피막에 둘러싸여 있다. · 수 질 · 피 질

폐 · 간 · 위 · 신장 · 방광

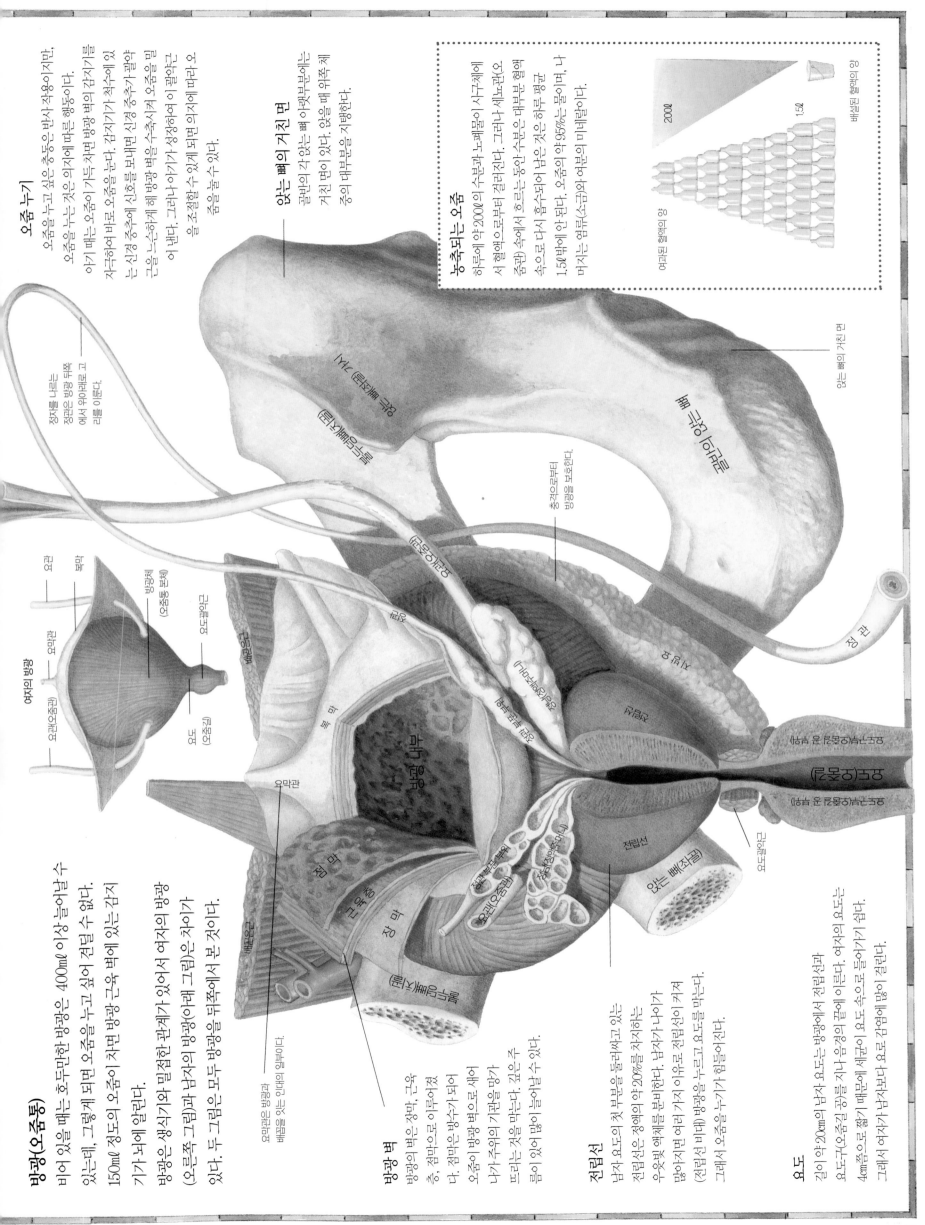

오줌 누기

오줌을 누고 싶은 충동은 반사 작용이지만, 오줌을 누는 것은 의지에 따른 행동이다. 아기 때는 오줌이 가득 차면 방광 벽의 감지기를 자극하여 바로 오줌을 눈다. 감지기가 척수에 있는 신경 중추에 신호를 보내면 신경 중추가 방광 근을 느슨하게 해 방광 벽을 수축시켜 오줌을 일 아낸다. 그러나 나이가 들면서 성장하여 이 방광을 조절할수 있게 되면 의지에 따라 오줌을 눌수 있다.

앉는 뼈의 거친 면

골반의 각 앉는 뼈 아랫부분에는 거친 면이 있다. 앉을 때 이쪽 체중의 대부분을 지탱한다.

농축되는 오줌

하루에 약 200ℓ의 수분이 네프론의 사구체에서 혈액으로부터 걸러진다. 그러나 세뇨관(오줌관) 수에서 흐르는 동안 대부분 혈액 속으로 다시 흡수되어 남은 것은 하루 평균 1.5ℓ밖에 안 된다. 오줌의 약 95%는 물이며, 나머지는 염류(소금)와 여분의 미네랄이다.

방광(오줌통)

비어 있을 때는 호두만한 방광은 400㎖ 이상 늘어날 수 있는데, 그렇게 되면 오줌을 누고 싶어 견딜 수 없다. 150㎖ 정도의 오줌이 차면 방광 근육 속에 있는 감지기가 뇌에 알린다. 방광은 생식기와 밀접한 관계가 있어서 여자의 방광(오른쪽 그림)과 남자의 방광(아래 그림)은 차이가 있다. 두 그림은 모두 방광을 뒤쪽에서 본 것이다.

방광 벽

방광의 벽은 장막, 근육층, 점막으로 이루어졌다. 점막은 방수가 되어 오줌이 방광 벽으로 새어 나가 주위의 기관을 망가 뜨리는 것을 막는다. 깊은 주름이 있어 많이 늘어날 수 있다.

전립선

남자 요도의 첫 부분을 둘러싸고 있는 전립선은 정액의 약 20%를 차지하는 우윳빛 액체를 분비한다. 남자가 나이가 많아지면 여러 가지 이유로 전립선이 커져 (전립선 비대) 방광을 누르고 요도를 막는다. 그래서 오줌 누기가 힘들어진다.

요도

길이 약 20cm인 남자 요도는 방광에서 전립선 요도(오줌관)를 지나 음경의 끝에 이른다. 여자의 요도는 4cm쯤으로 짧기 때문에 세균이 방광으로 쉽게 들어가기 쉽다. 그래서 여자가 남자보다 요도 감염이 많이 걸린다.

49

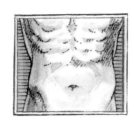

남자의 생식기관
Male Reproductive System

남자의 성기(생식기)는 정자를 만들어 운반한다. 사춘기에 시작해 노년기까지 생산되는 정자는 정소(고환)에서 만들어지며, 성교를 할 때 정관을 지나 음경에까지 이른다. 음경에서는 정자를 여자의 몸속으로 뿜어 넣어 난자를 수정시킨다. 남자의 요도는 정액의 통로인 동시에 오줌의 통로이기 때문에 성기는 비뇨기의 일부와 밀접한 관계를 맺고 있다.

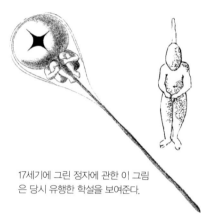

수수께끼
네덜란드의 생물학자 레벤후크가 1677년에 사람의 정자를 알아냈지만, 수정의 과정은 수수께끼로 남아 있었다. 그때까지는 정자 속에 조그만 사람이 웅크리고 있다고 믿었다. 19세기 중반에야 생식 기관에 대해 알기 시작했다.

17세기에 그린 정자에 관한 이 그림은 당시 유행한 학설을 보여준다.

정자가 지나가는 길
정소에서 발육한 정자는 사정에 이르기까지 구불구불한 통로(그림의 푸른색 길)를 지나 음경을 통해 몸 밖으로 나간다. 도중에 방광 뒤쪽에 있는 두 개의 정낭, 요도를 둘러싸고 있는 전립선, 음경의 뿌리에 있는 쿠퍼샘 등 몇몇 생식 샘이 분비물을 통로에 분비해 정액을 만든다. 정액은 정자의 전진을 촉진하는 영양분과 화학 물질을 공급한다.

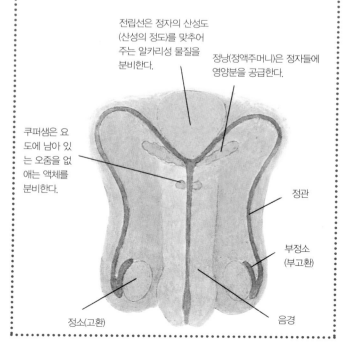

전립선은 정자의 산성도 (산성의 정도)를 맞추어 주는 알카리성 물질을 분비한다.

정낭(정액주머니)은 정자들에 영양분을 공급한다.

쿠퍼샘은 요도에 남아 있는 오줌을 없애는 액체를 분비한다.

정관

부정소 (부고환)

정소(고환)

음경

내성기와 외성기
남자의 생식기 일부는 아랫배 속에 있고, 일부는 바깥에 달려 있다. 몸속에는 전립선, 기관과 기관을 이어주는 정관 등이 있고, 밖에는 음경, 음낭이 있다. 음낭 속의 한 쌍의 정소에서 정자가 만들어진다.

정관
정자를 정소와 부정소에서 음경까지 운반하며 길이가 40cm쯤 된다. 정자가 성숙하는 부정소에서 출발한 정관은 휘어지며 위로 올라가 방광 뒤로 돌고, 방광 아래에서 요도를 향해 내려간다. 전립선 바로 아래에서 정낭에서 온 관과 합쳐져 사정관을 이루는데, 여기에서 요도와 연결된다.(위 그림에서 사정관은 보이지 않는다)

음경
성교할 때 정자를 여자의 몸속에 넣어 주는 음경은 두 개의 음경해면체(위 그림에서는 하나만 보인다)와 한 개의 요도해면체로 이루어졌다. 성적으로 흥분하면 이 해면체들에 혈액이 가득 차 음경이 발기된다.

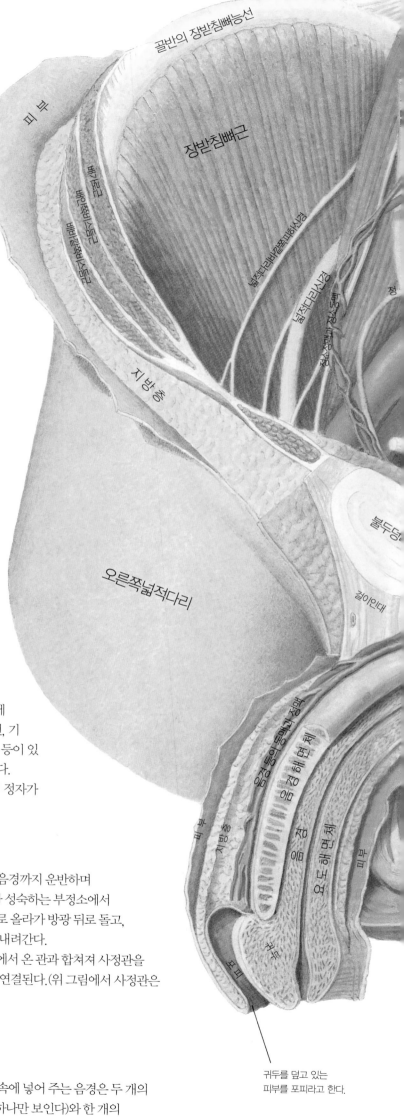

골반의 장반침뼈능선

피부

장반침뼈근

지방층

불두덩

오른쪽넓적다리

길이인대

귀두를 덮고 있는 피부를 포피라고 한다.

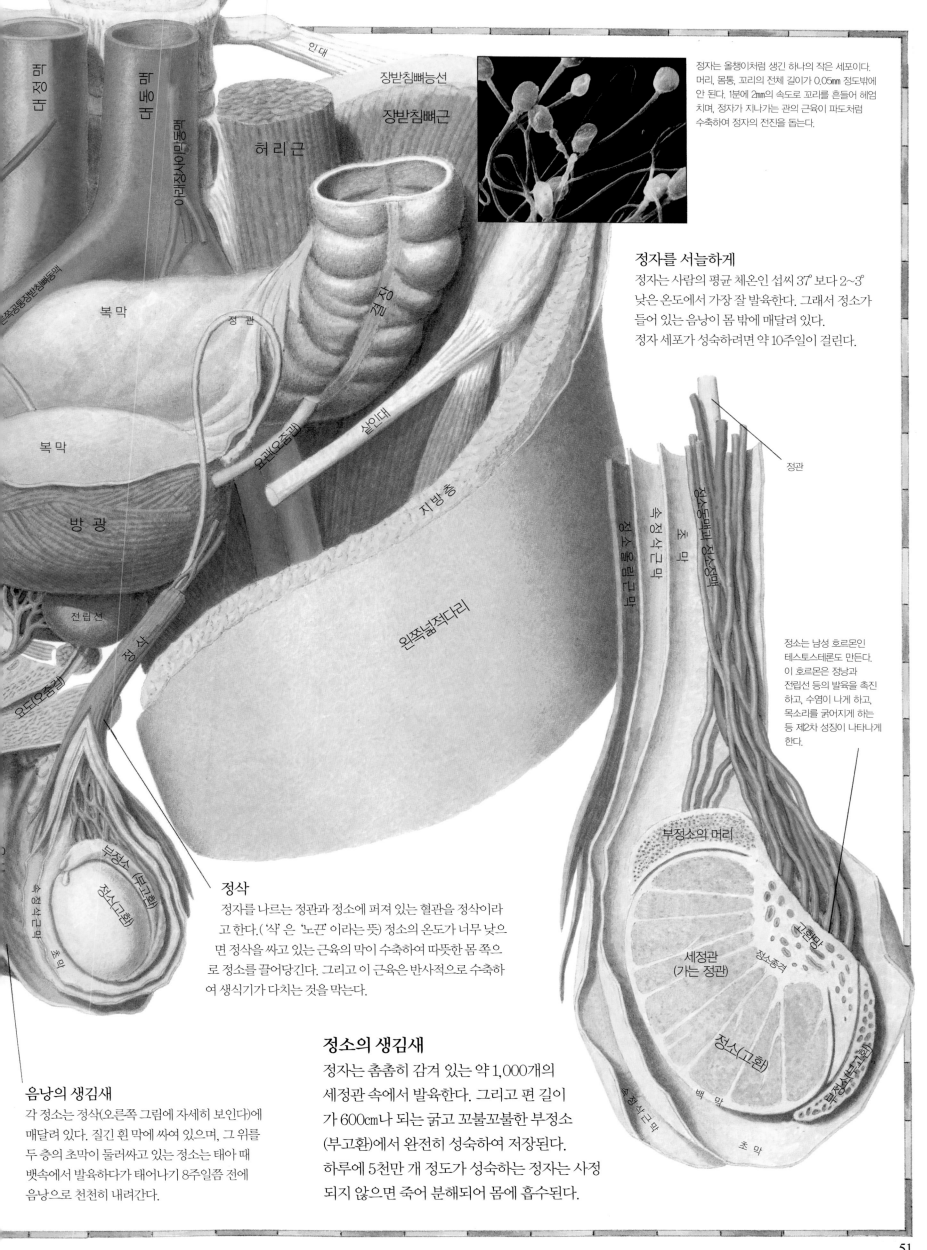

정자는 올챙이처럼 생긴 하나의 작은 세포이다. 머리, 몸통, 꼬리의 전체 길이가 0.05mm 정도밖에 안 된다. 1분에 2mm의 속도로 꼬리를 흔들어 헤엄치며, 정자가 지나가는 관의 근육이 파도처럼 수축하여 정자의 전진을 돕는다.

정자를 서늘하게

정자는 사람의 평균 체온인 섭씨 37˚ 보다 2~3˚ 낮은 온도에서 가장 잘 발육한다. 그래서 정소가 들어 있는 음낭이 몸 밖에 매달려 있다. 정자 세포가 성숙하려면 약 10주일이 걸린다.

정소는 남성 호르몬인 테스토스테론도 만든다. 이 호르몬은 정낭과 전립선 등의 발육을 촉진하고, 수염이 나게 하고, 목소리를 굵어지게 하는 등 제2차 성징이 나타나게 한다.

정삭

정자를 나르는 정관과 정소에 퍼져 있는 혈관을 정삭이라고 한다. ('삭' 은 '노끈' 이라는 뜻) 정소의 온도가 너무 낮으면 정삭을 싸고 있는 근육의 막이 수축하여 따뜻한 몸 쪽으로 정소를 끌어당긴다. 그리고 이 근육은 반사적으로 수축하여 생식기가 다치는 것을 막는다.

음낭의 생김새

각 정소는 정삭(오른쪽 그림에 자세히 보인다)에 매달려 있다. 질긴 흰 막에 싸여 있으며, 그 위를 두 층의 초막이 둘러싸고 있는 정소는 태아 때 뱃속에서 발육하다가 태어나기 8주일쯤 전에 음낭으로 천천히 내려간다.

정소의 생김새

정자는 촘촘히 감겨 있는 약 1,000개의 세정관 속에서 발육한다. 그리고 편 길이가 600cm나 되는 굵고 꼬불꼬불한 부정소(부고환)에서 완전히 성숙하여 저장된다. 하루에 5천만 개 정도가 성숙하는 정자는 사정되지 않으면 죽어 분해되어 몸에 흡수된다.

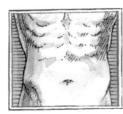

여자의 생식기관
Female Reproductive System

남자에게는 정자를 만드는 정소(고환)가 있고 여자에게는 난자를 만드는 난소가 있다. 정자는 정관을 통해 이동하고 난자는 난관을 통해 이동한다. 그러나 여자에게는 남자에게 없는 자궁이 있다. 자궁은 수정된 난자(수정란)가 아기로 자라는 동안 보호하고 영양을 공급한다. 대개 4주일마다 두 개의 난소 가운데 한 개에서 하나의 난자가 성숙한다. 성숙된 난자는 난소 밖으로 나와 난관의 끝부분에 잡힌다. 난관으로 들어간 난자는 난관 벽 근육의 연동 운동(물결처럼 수축하는 운동)과 내벽에 난 작은 섬모의 물결 운동에 의해 난관 속을 지나간다. 그리고 난관 속에서 정자를 만나 수정이 이루어진다. 수정된 난자는 자궁에 다다라 자궁 내벽에 달라붙는다. 수정이 안 된 난자는 죽어 월경 때 몸 밖으로 내보내진다.

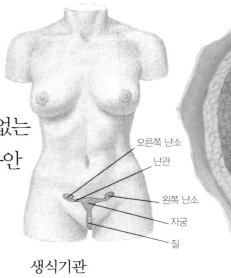

생식기관
자궁, 난소, 질 등 여자의 주된 생식기관은 몸 안쪽에 있다. 임신하지 않았을 때의 자궁 크기는 길이 약 7cm, 너비 약 5cm이다.

생식기관이 있는 곳
여자의 생식기관은 뱃속 깊은 곳에 있다. 옆쪽의 장반침뼈능선과 앞쪽의 불두덩뼈 등으로 이루어진 우묵한 그릇 모양의 골반 뼈들에 둘러싸여 보호받고 있다.

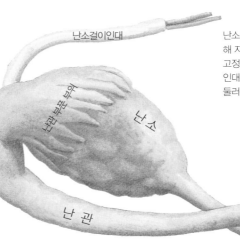

난소는 난소 걸이 인대에 의해 자궁과 복벽에 단단히 고정되어 있다. 난소 걸이 인대는 혈관과 신경을 둘러싼 질긴 막이다.

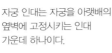

자궁 인대는 자궁을 아랫배의 옆벽에 고정시키는 인대 가운데 하나이다.

난소 표면의 불룩한 부분들은 그 속에서 난자가 성숙하고 있음을 나타낸다.

난소와 자궁
자궁의 위쪽 굵은 부분을 자궁체, 아래쪽 가는 부분을 자궁목이라 하고, 자궁과 질이 만나는 부위를 자궁 입구라고 한다. 길이 약 10cm의 난관은 자궁과 난소를 이어 준다. 여성 호르몬인 에스트로겐과 프로게스테론을 분비하는 난소 속에서는 작은 난자가 여포(난포)라는 주머니 속에서 성숙한다. 여자는 태어날 때 몸속에 약 60만 개나 되는 성숙하지 않은 난자를 가지고 있지만, 그 가운데 평생 성숙하는 것은 400개 정도밖에 안 된다.

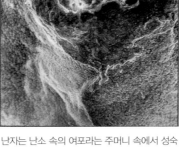

난자는 난소 속의 여포라는 주머니 속에서 성숙하다가 여포가 터지면 난소에서 튀어나간다. 사진은 난소에서 튀어나가는 난자(붉은색).

질 내부 점막의 주름은 성교할 때나 아기를 낳을 때 펴져 질을 넓힌다.

질 점막 바깥쪽에는 질긴 근육 섬유의 층이 있다.

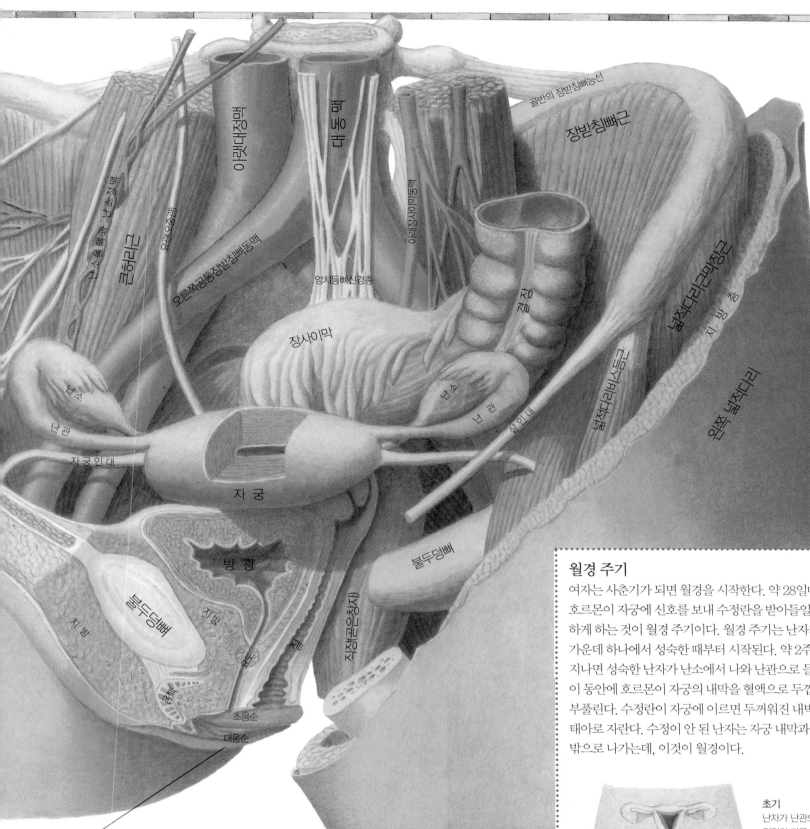

골반의 장방침뼈능선

장방침뼈근

이랫배대정맥

큰허리근

오른쪽공통장방침뼈동맥

엉치등뼈신경총

장사이막

오른쪽공통장방침뼈동맥

넓적다리비스듬근

넓적다리곧은근

넓적다리곧은근

난소

난관

자궁 인대

자궁

방광

불두덩뼈

불두덩뼈

질막

지방

소음순

대음순

직장곧은창자

외음부
여자의 외부 생식기관과 지방을 합쳐서 외음부(음문)라고 한다. 주름 모양의 대음순에 둘러싸여 있는 소음순은 질 입구와 요도, 돌기 모양의 음핵을 보호한다. 음핵은 혈관과 신경이 많아 남자의 음경처럼 성적으로 흥분하면 혈액이 가득 차 부풀어 오르고 예민해진다.

남자와 여자의 요도
남자의 요도는 오줌과 정자가 모두 지나가지만, 여자의 요도는 오줌밖에 지나가지 않는다. 길이는 방광 출구부터 외음부의 끝까지 약 4cm로, 남자 요도의 5분의 1밖에 안 된다.

정자와 난자의 만남
성교를 할 때면 질은 발기한 음경이 들어오기 쉽도록 늘어나고, 벽에서 액체를 분비한다. 성교가 절정에 이르면 남자의 음경은 정자가 들어 있는 정액을 쏘듯이 내보낸다. 이 정액은 자궁목을 거쳐 자궁 내부로 진입해 관으로 들어간다. 정액 속의 정자는 난관 속에 난자가 있으면 만난다. 이때 정자가 난자 속으로 들어 가면 수정이 이루어진다.

월경 주기
여자는 사춘기가 되면 월경을 시작한다. 약 28일마다 호르몬이 자궁에 신호를 보내 수정란을 받아들일 준비를 하게 하는 것이 월경 주기이다. 월경 주기는 난자가 두 난소 가운데 하나에서 성숙한 때부터 시작된다. 약 2주일이 지나면 성숙한 난자가 난소에서 나와 난관으로 들어간다. 이 동안에 호르몬이 자궁의 내막을 혈액으로 두껍게 부풀린다. 수정란이 자궁에 이르면 두꺼워진 내벽에 붙어 태아로 자란다. 수정이 안 된 난자는 자궁 내막과 함께 몸 밖으로 나가는데, 이것이 월경이다.

초기
난자가 난관으로 들어가기 직전의 자궁 내막 두께는 1~2mm이다.

중기
프로게스테론이라는 호르몬이 자궁 내막을 혈액과 그 밖의 액체로 채워 부풀린다. 자궁 내막의 두께가 5~8mm가 된다.

말기
난자가 수정되지 않으면 자궁 내막은 5~7일에 걸쳐 떨어져 나와 질을 통해 몸 밖으로 나간다.

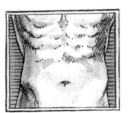

아기의 탄생 *The Development of a Baby*

정자와 난자가 만나 수정되어 생긴 한 개의 세포는 바로 세포 분열을 시작한다. 수정 후 일주일쯤 지나면 분열을 계속하는 세포들의 덩어리가 자궁의 내막에 파고들어 자리를 잡는다. 이것을 착상이라고 한다. 그 후 6~7일이 지나면 공 모양의 세포 덩어리는 두 부분으로 나뉘어 한 부분에서는 배(태아의 전 단계)가 발생하고, 다른 한 부분은 태반과 탯줄이 된다. 배는 태반과 탯줄을 통해 어머니의 혈액으로부터 영양분을 받는다. 태아의 발달은 일반적으로 척주와 뇌, 머리의 다른 부분과 심장, 몸통의 내장 기관, 팔과 다리 순으로 이루어진다. 수정 후 두 달쯤 되어 크기가 엄지손가락만해진 태아는 몸의 주요 기관을 다 갖추고 있다. 태아가 어머니의 자궁 속에서 자라는 임신 기간은 수태 후 38주이다.

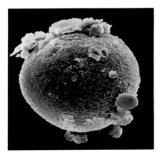

수정
사진의 오른쪽 아래에 있는 분홍색의 정자 세포 머리가 난자의 벽을 뚫고 들어가려 한다. 수정이 되고 몇 시간 지나면 수정란은 두 개의 세포로 나누어진다. 하나의 세포가 둘 이상의 세포로 나누어지는 세포분열은 계속되어 5일 후에는 공 모양이 되는데, 이것을 포배라고 한다. 포배는 자궁 속에서 자유롭게 떠다닌다.

수정이 이루어지는 순간을 보여주는 현미경 사진

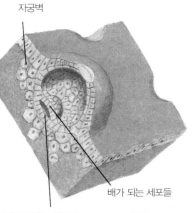

자궁벽

착상
수정 후 7~10일이 지나면 포배의 바깥층이 부서져 자궁벽에 홈을 파기 시작하는데, 이 단계를 착상이라고 한다. 자궁의 내막에는 혈관이 많아 포배는 영양분에 둘러싸인다. 세포 덩어리 안에 있는 아치형 세포층이 배가 된다.

배가 되는 세포들

태반이 되는 세포들

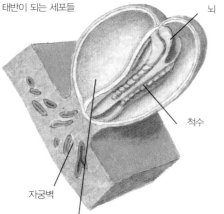

뇌

분화
세포는 계속 수가 늘어나고 이동하여 종류와 모양이 다른 세포로 발달한다. 이것을 분화라고 한다. 수정 후 3주가 지나면 두 개의 크게 부푼 것이 생겨 뇌의 성장을 똑똑히 보여준다. 수정 후 8주까지를 배라고 한다.

척수

자궁벽

영양분을 공급하는 난황 주머니

양수

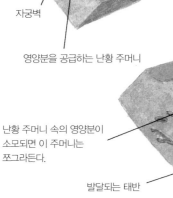

난황 주머니 속의 영양분이 소모되면 이 주머니는 쪼그라든다.

발달되는 태반

부착경은 쪼그라든 난황 주머니와 연결되어 있다. 탯줄이 발달한다.

배가 태아로
수정 후 두 달 동안 많은 변화가 생긴다. 배는 얼굴, 눈, 귀, 입이 분명해지고, 그 밖의 주요 기관이 생겨 사람의 모습을 갖춘다. 그리고 양수 속에서 떠다닌다. 양수는 충격과 진동으로부터 배를 보호한다. 이 시기부터 태어날 때까지를 태아라고 한다.

임신 8주부터 출산까지 태아의 키는 20배 이상 자란다.

태반
태반은 어머니에게서 영양분을 받아 태아에게 공급한다. 그리고 쓰고 난 혈액(파란색)은 태아의 심장에서 두 개의 배꼽 동맥을 지나 태반으로 흐른다. 이 혈액은 태반에서 노폐물을 내보내고 산소와 영양분을 다시 흡수해 배꼽 정맥을 타고 태아에게 돌아간다.

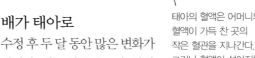
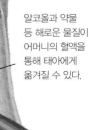
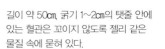

엄마

태반

태반으로 가는 혈관

배꼽정맥

구조

태반은 임신과 출산을 조절하는 호르몬을 분비한다.

어머니의 혈액이 가득 찬 곳

태아의 혈액은 어머니의 혈액이 가득 찬 곳의 작은 혈관을 지나간다. 그러나 혈액이 섞이지는 않는다.

알코올과 약물 등 해로운 물질이 어머니의 혈액을 통해 태아에게 옮겨질 수 있다.

배꼽동맥

엄마

배꼽정맥

배꼽동맥

길이 약 50cm, 굵기 1~2cm의 탯줄 안에 있는 혈관은 꼬이지 않도록 젤리 같은 물질 속에 묻혀 있다.

출산

탯줄을 통해 태반으로부터 산소와 영양분을 공급받는 태아는 수정 후 9개월 정도 지나 태어난다. 태어나자마자 아기가 힘차게 울면 폐의 입구가 열리고, 폐 속의 양수가 몸 밖으로 나와 처음으로 공기를 호흡하게 된다.

자궁의 변화

태아가 자라면서 크게 늘어나는 자궁의 근육 벽은 어머니 몸에서 가장 큰 근육이 된다. 출산할 때 자궁은 규칙적으로 강하게 수축하여 자궁목과 질을 통해 태아를 밀어 낸다.

태아를 둘러싼 막과 양수

태아는 두 겹의 얇은 반투명 막에 둘러싸여 있다. 안쪽의 양막은 단백질, 지방, 당분, 미네랄, 호르몬, 효소 등이 포함된 약 1ℓ의 양수를 담고 있다. 태아는 이 양수를 마시기도 하고 양수 속에 오줌을 누기도 한다. 바깥쪽의 융모막은 태반을 이룬 세포와 동일한 세포로 만들어졌다.

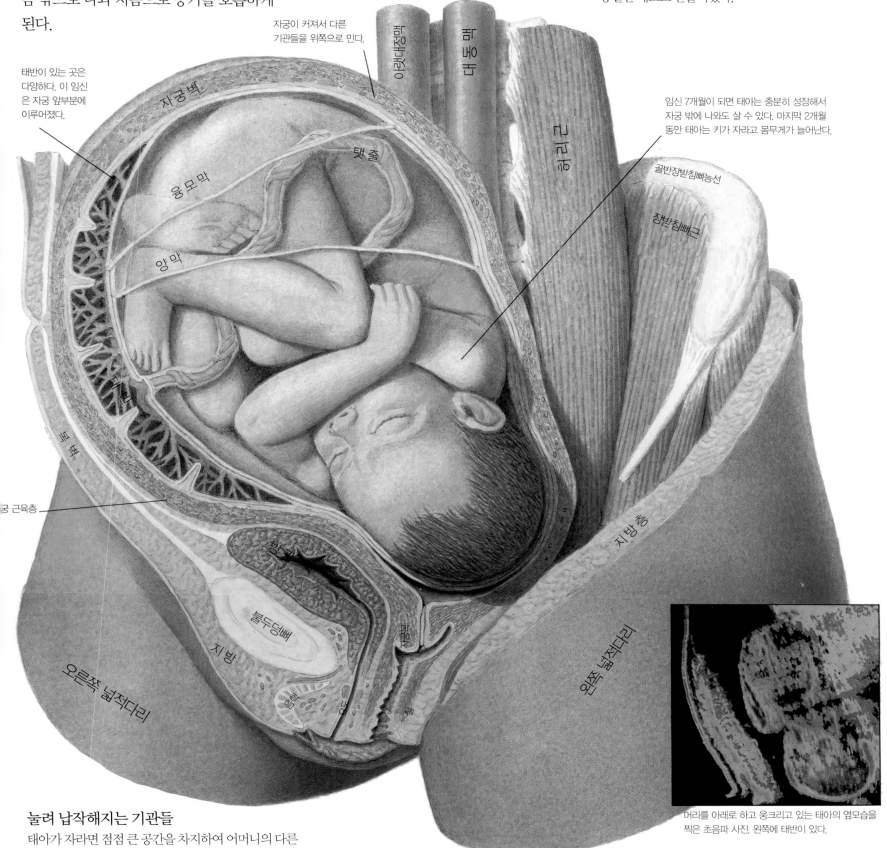

태반이 있는 곳은 다양하다. 이 임신은 자궁 앞부분에 이루어졌다.

자궁이 커져서 다른 기관들을 위쪽으로 민다.

임신 7개월이 되면 태아는 충분히 성장해서 자궁 밖에 나와도 살 수 있다. 마지막 2개월 동안 태아는 키가 자라고 몸무게가 늘어난다.

자궁 벽

탯줄

융모막

양막

엉덩허리근

큰허리근

골반장받침뼈능선

장받침뼈근

배곧은근

난소

자궁 근육층

오른쪽 넓적다리

방광

불두덩뼈

지방

지방 조직

오른쪽 넓적다리

머리를 아래로 하고 웅크리고 있는 태아의 옆모습을 찍은 초음파 사진 왼쪽에 태반이 있다.

눌려 납작해지는 기관들

태아가 자라면 점점 큰 공간을 차지하여 어머니의 다른 기관들은 모두 눌려 납작해진다. 방광이 충분히 늘어날 수 없어 오줌을 자주 누게 되고, 위도 납작해져 음식을 조금씩밖에 먹을 수 없다.

몸을 비틀고 돌리고

태아는 자궁 속에서 활발히 움직인다. 위치를 바꾸고 발로 차고 팔을 휘두르기도 한다. 임신 4개월이 되면 어머니는 태아의 이러한 움직임을 느낀다. 태아는 하루의 대부분을 자면서 보낸다.

자궁의 출구

임신 중에는 자궁목이 꽉 닫히고 점액에 막혀 있다. 출산 때가 되면 태아가 나갈 수 있도록 자궁목의 근육이 느슨해지고, 점액의 마개가 뽑힌다. 자궁의 근육이 수축하여 태아의 머리를 밀어 내면 자궁목이 넓어진다.

* 다른 혈관과 달리 탯줄과 태반의 혈관은 푸른색이 동맥, 붉은색이 정맥이다.   55

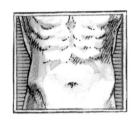

허리와 엉덩이 *The Lower Back*

허리는 몸통, 머리, 목, 팔의 무게를 지탱하고 있어 몸을 앞으로 굽히거나, 몸통을 비틀거나, 무거운 물건을 들 때 많은 부담이 된다. 허리를 삐거나 허리 근육에 염증이 생기면 허리통증을 경험한다. 이것은 인간만의 특징인 직립 자세 때문이기도 하다. 사람은 걸을 때나 서 있을 때나 허리를 똑바로 펴고 있어서 허리에 많은 부담을 준다. 허리통증을 예방할 수 있는 방법은 규칙적으로 운동하여 근육과 관절을 단련하는 것이다.

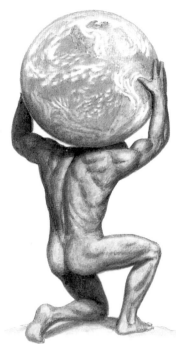

우주의 무게

그리스 신화에서 아틀라스는 우라노스(하늘의 신)와 가이아(땅의 신)의 자손인 티탄 족의 한 거인신이다. 티탄 족은 제우스를 최고신으로 하는 올림포스신 족과의 전쟁에서 패해 그 벌로 아틀라스는 영원히 하늘을 어깨에 메고 있게 되었다. 그는 어깨에 멘 천체의 무게를 등 근육으로 지탱하고 있어 근육이 잘 발달된 남자로 그려지는 경우가 많다. 척주 맨 위쪽에 있는 환추를 영어로는 그의 이름을 따서 아틀라스라고 한다.

띠 모양의 등 근육

피하 지방 아래에 넓은 근육의 띠가 등에서 교차되어 있다. 허리의 근육은 직립 자세를 지탱하고, 등 윗부분의 근육은 어깨와 팔을 움직이고 호흡을 돕는다. 등 중앙부에 있는 근육은 척주를 안정시키고, 허리를 구부리거나 비틀 수 있게 한다. 겹쳐진 근육 막들은 중앙부를 어깨뼈의 돌기부와 골반의 돌기부에 연결시킨다. 어깨뼈와 팔, 골반과 다리를 연결시키는 근육도 있다.

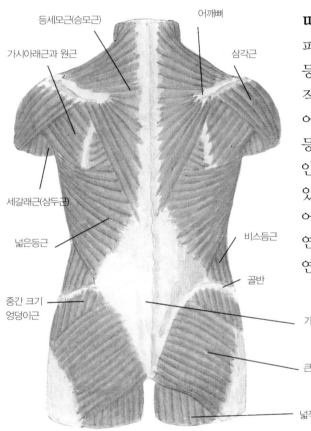

- 등세모근(승모근)
- 어깨뼈
- 가시아래근과 원근
- 삼각근
- 세갈래근(삼두근)
- 넓은등근
- 비스듬근
- 골반
- 중간 크기 엉덩이근
- 가슴허리 근막
- 큰엉덩이근
- 넓적다리 두갈래근과 반힘줄모양근

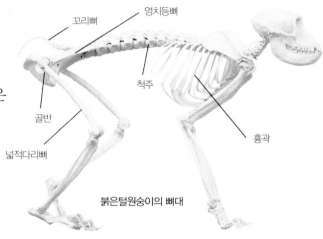

- 꼬리뼈
- 엉치등뼈
- 척주
- 골반
- 넓적다리뼈
- 흉곽

붉은털원숭이의 뼈대

네 다리와 두 다리

네 다리로 다니는 원숭이는 척주와 넓적다리뼈가 거의 직각을 이룬다. 이러한 구조로는 두 다리로 걸을 수 없다. 기나긴 진화 과정에서 인간은 허리 척추와 궁둥이뼈, 넓적다리 관절의 각도가 변하여 다리가 체중을 지탱하도록 몸통 바로 아래에 있게 되었다. 그래서 몸이 쓰러지지 않을 뿐만 아니라 팔과 손을 자유롭게 쓸 수 있다.

골반의 뼈들

골반 양쪽에 있는 두 개의 궁둥이뼈는 앞쪽에서는 불두덩뼈 결합을 이루고, 뒤쪽에서는 척주 맨 아래에 있는 엉치등뼈와 연결된다.
궁둥이뼈는 장반침뼈, 불두덩뼈, 앉는 뼈로 이루어졌다. 여자의 골반은 남자 골반보다 폭이 넓고, 가운데에 있는 구멍도 남자 것보다 커서 아기가 태어날 때 지나가기 쉽다.

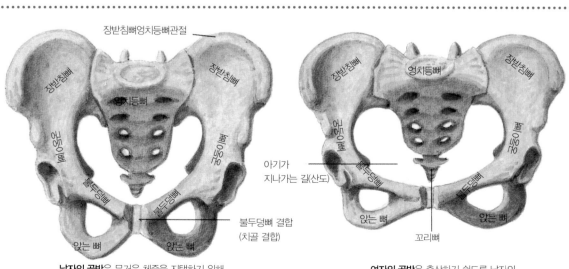

- 장반침뼈엉치등뼈관절
- 장반침뼈
- 엉치등뼈
- 장반침뼈
- 엉덩뼈
- 엉덩뼈
- 불두덩뼈
- 불두덩뼈
- 앉는 뼈
- 앉는 뼈
- 불두덩뼈 결합(치골 결합)
- 아기가 지나가는 길(산도)
- 꼬리뼈

남자의 골반은 무거운 체중을 지탱하기 위해 여자의 골반보다 위아래 길이가 길고 튼튼하다.

여자의 골반은 출산하기 쉽도록 남자의 골반보다 폭이 넓다.

몸통 아랫부분

아래 그림은 몸통 아랫부분을 뒤쪽에서 본 것이다. 오른쪽에는 주요 근육과 질긴 근막이, 왼쪽에는 추골과 척수 신경총이 보인다. 아래쪽에는 엉치등뼈에 연결된 궁둥이뼈가 있고, 왼쪽 신장과 요관이 장 뒤에 있다.

허리 주위

허리 장방침뼈 갈비뼈근은 허리 척추와 궁둥이뼈를 아래쪽 6개의 갈비뼈에 연결하는 끈들을 가지고 있다. 이것은 길고 복잡한 힘줄이 있는 척주세움근의 일부이다.

척주세움근 그룹

몸을 비틀고, 뒤로 젖히고, 척주를 활처럼 휘게 하는 척주세움근 그룹은 머리뼈 아래에서 허리, 엉덩이까지 등뼈를 따라 뻗어 있다. 이 그룹에는 허리가장긴근을 포함하여 7개의 근육이 있다.

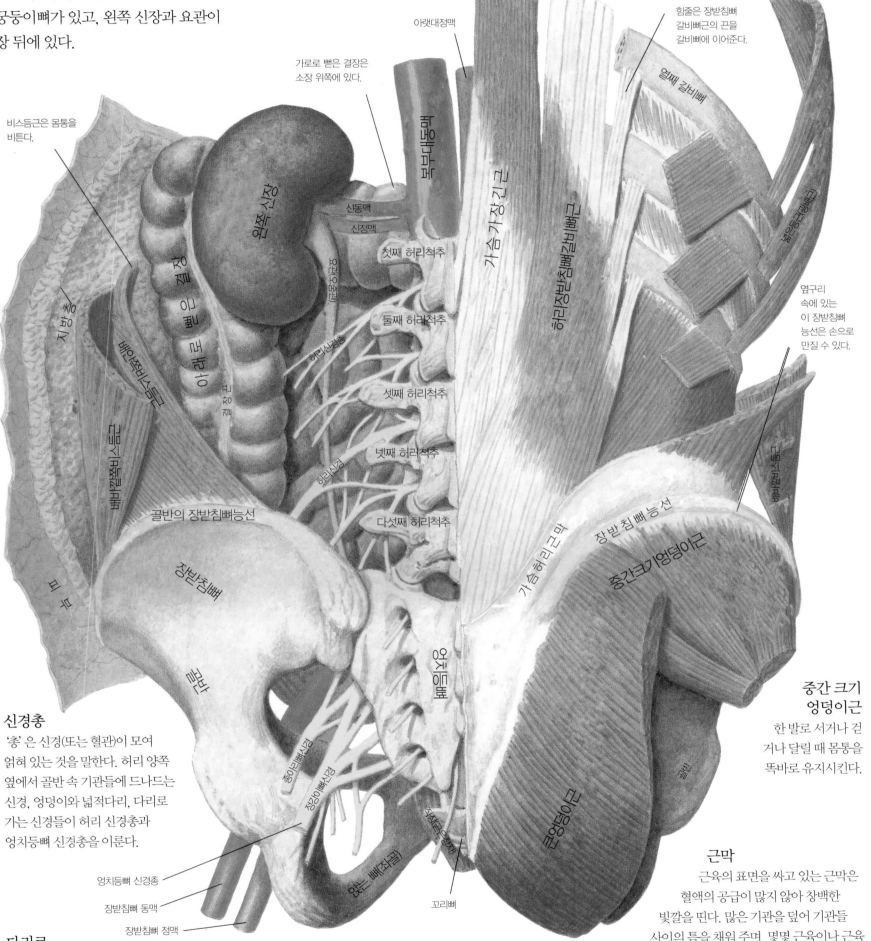

비스듬근은 몸통을 비튼다.

아랫대정맥

가로로 뻗은 결장은 소장 위쪽에 있다.

힘줄은 장방침뼈 갈비뼈근의 끈을 갈비뼈에 이어준다.

열째 갈비뼈

왼쪽 신장

신동맥

신정맥

첫째 허리척추

둘째 허리척추

셋째 허리척추

넷째 허리척추

다섯째 허리척추

옆구리 속에 있는 이 장방침뼈 능선은 손으로 만질 수 있다.

골반의 장방침뼈능선

장방침뼈

골반

장방침뼈 능선

중간크기엉덩이근

가슴허리근막

엉치등뼈

꼬리뼈

신경총

'총'은 신경(또는 혈관)이 모여 얽혀 있는 것을 말한다. 허리 양쪽 옆에서 골반 속 기관들에 드나드는 신경, 엉덩이와 넓적다리, 다리로 가는 신경들이 허리 신경총과 엉치등뼈 신경총을 이룬다.

엉치등뼈 신경총

장방침뼈 동맥

장방침뼈 정맥

연는 뼈(좌골)

다리로

골반은 몸의 주요 부위를 연결한다. 골반에서 복부의 여러 기관으로 뻗어 있는 혈관과 신경, 림프관이 갈라져 다리로 뻗는다. 장방침뼈 동맥은 복부 대동맥에서 갈라졌으며, 장방침뼈 정맥은 아랫대정맥에 이어진다.

엉치등뼈

상체와 하체에서 생긴 힘은 엉치등뼈에서 만난다. 5개의 뼈가 붙은 삼각형의 단단한 엉치등뼈는 척주와 골반을 이어주는 유일한 부분이다.

중간 크기 엉덩이근

한 발로 서거나 걷거나 달릴 때 몸통을 똑바로 유지시킨다.

근막

근육의 표면을 싸고 있는 근막은 혈액의 공급이 많지 않아 창백한 빛깔을 띤다. 많은 기관을 덮어 기관들 사이의 틈을 채워 주며, 몇몇 근육이나 근육 그룹을 싸고 있다. 근막은 근육들을 하나로 묶어 주고, 가까운 뼈에 붙여 준다. 예로, 장방침뼈 능선 위에는 가슴허리근막 등이 있다.

큰엉덩이근

다리와 발 *The Leg & Foot*

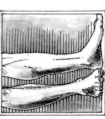

걸음마를 배우는 아기의 비틀거리는 모습을
보면 걷고 서는 동작이 얼마나 많은 노력이 필요한지 알 수 있다.
한 곳에 오래 서 있으면 다리와 발이 아프다. 몸의 균형을
유지하기 위해 다리와 발의 근육들이 끊임없이 긴장하여
자세를 조정하기 때문이다. 사람이 직립보행을 할 수 있기 전에
는 팔과 다리, 넓적다리 관절과 어깨 관절, 그리고 무릎과
팔꿈치의 생김새가 비슷했다. 진화 결과 다리가 몸무게를
지탱하도록 변했고, 팔이 자유롭게 움직이도록 발달했다.

이족을 한 선원

옛날에는 상어에게 물리거나 떨어지는 목재에
맞거나 하여 다리를 잃은 선원이 많았다.
다리에는 생명에 필수적인 기관은 없지만,
혈관이 많이 뻗어 있다. 그래서 다리가 잘리면
먼저 지혈을 해야 한다. 상처가 치료되면
이족을 한다.

다리의 근육

다리 앞부분에 있는 근육은 무릎을 펴고 발목을
굽히고 발가락을 구부린다. 뒷부분에 있는 근육
은 무릎을 구부리고 발목을 편다.

공을 찰 때

넓적다리 근육, 바깥쪽 넓은근, 안쪽 넓은근,
중간 넓은근, 넓적다리 앞부분과 엉덩부분을 감싸고 있다.
넓적다리 네갈래근(대퇴사두근: 머리가 네 개인 근육)이라
고 하는 이 근육은 공을 차거나 무릎을 펼 때 쓰인다.

가장 큰 관절

몸에서 가장 큰 관절은 넓적다리뼈와 정강이뼈가 이루는
무릎 관절이다. 이 관절은 무릎을 구부리고 앉거나 무릎을
펴서 크게 내디딜 수 있게 한다. 옆으로 조금 돌 수도 있어
서 발끝을 안쪽이나 바깥쪽으로 향하게 할 수 있다.

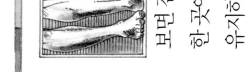

장애물달리기 선수들은 한쪽에 10kg이나 되는
두 다리를 1초에 몇 번이나 앞뒤로 움직여 달린다.

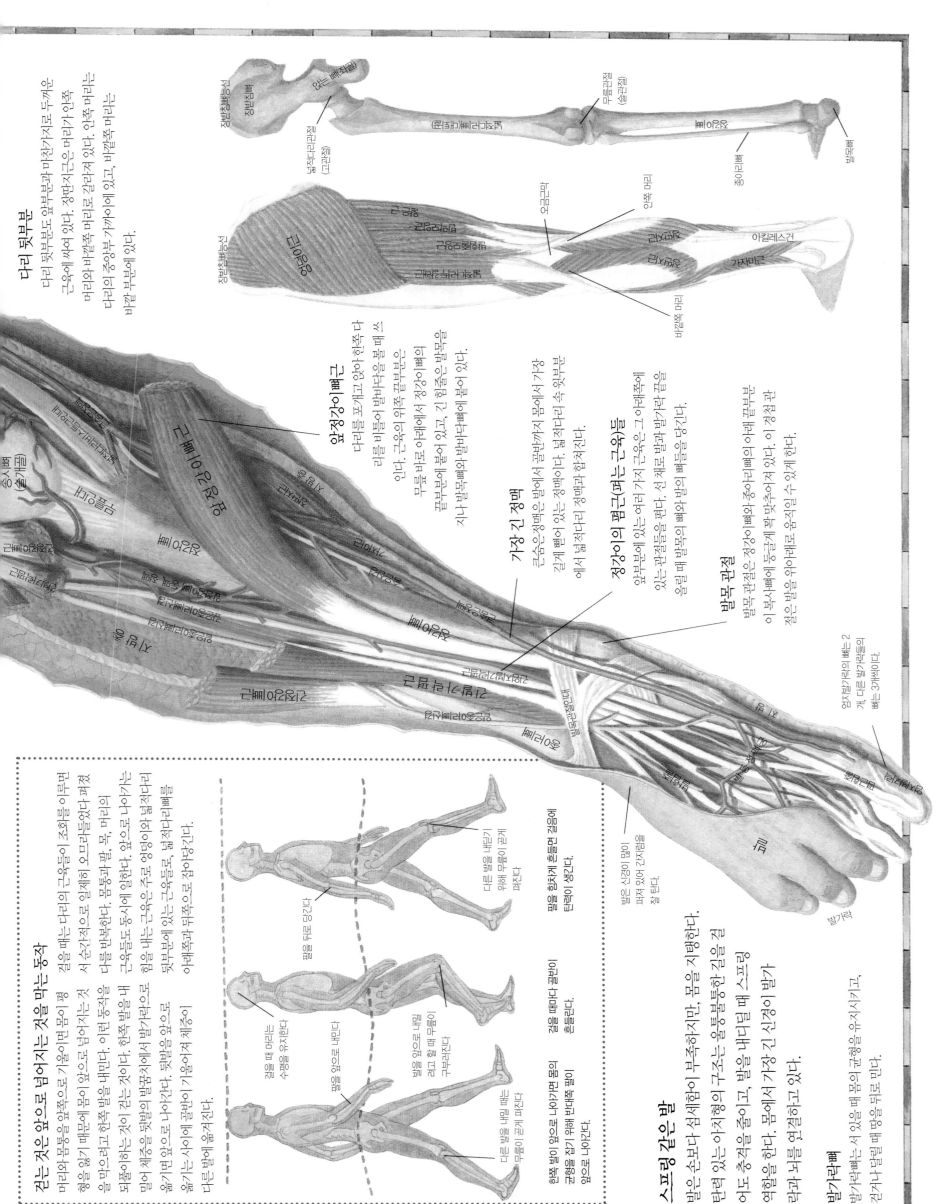

걷는 것은 앞으로 넘어지는 것을 막는 동작

머리와 몸통을 앞쪽으로 기울이면 몸이 평형을 잃기 때문에 몸이 앞으로 넘어지는 것을 막으려고 한쪽 발을 내민다. 이런 동작을 되풀이하는 것이 걷는 것이다. 한쪽 발을 내밀어 체중을 뒷발의 발꿈치에서 발가락으로 옮기면 앞으로 나아간다. 뒷발을 앞으로 옮기는 사이에 골반이 기울어져 체중이 다른 발에 옮겨진다.

걸을 때는 다리의 근육들이 조화를 이루면서 순간적으로 일제히 오므라들었다 펴졌다를 반복한다. 몸통과 팔, 목, 머리의 근육들도 동시에 일한다. 앞으로 나아가는 힘을 내는 근육은 주로 엉덩이와 넓적다리 뒷부분에 있는 근육들로, 넓적다리뼈를 아래쪽과 뒤쪽으로 잡아당긴다.

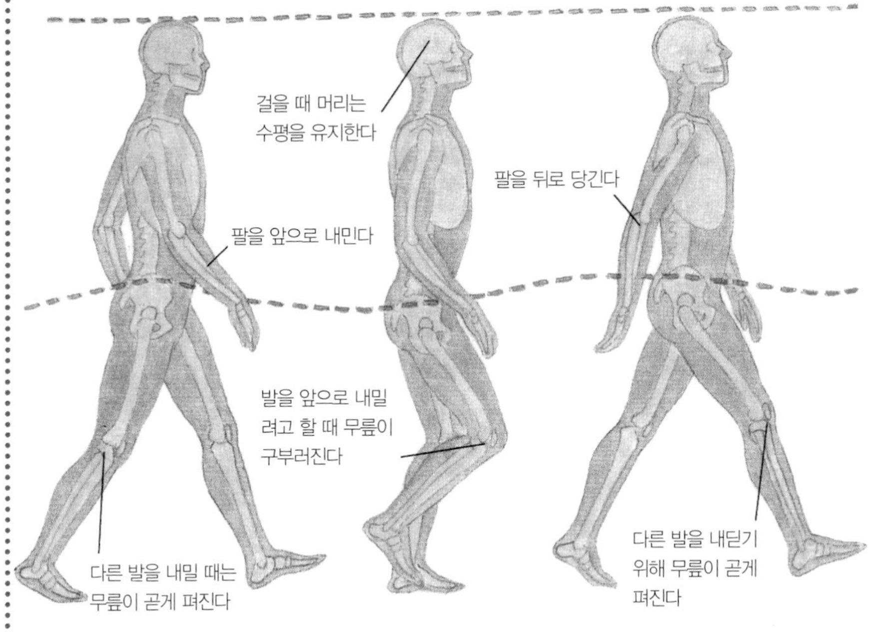

한쪽 발이 앞으로 나아가면 몸의 균형을 잡기 위해 반대쪽 팔이 앞으로 나아간다.

걸을 때마다 골반이 흔들린다.

팔을 힘차게 흔들면 걸음에 탄력이 생긴다.

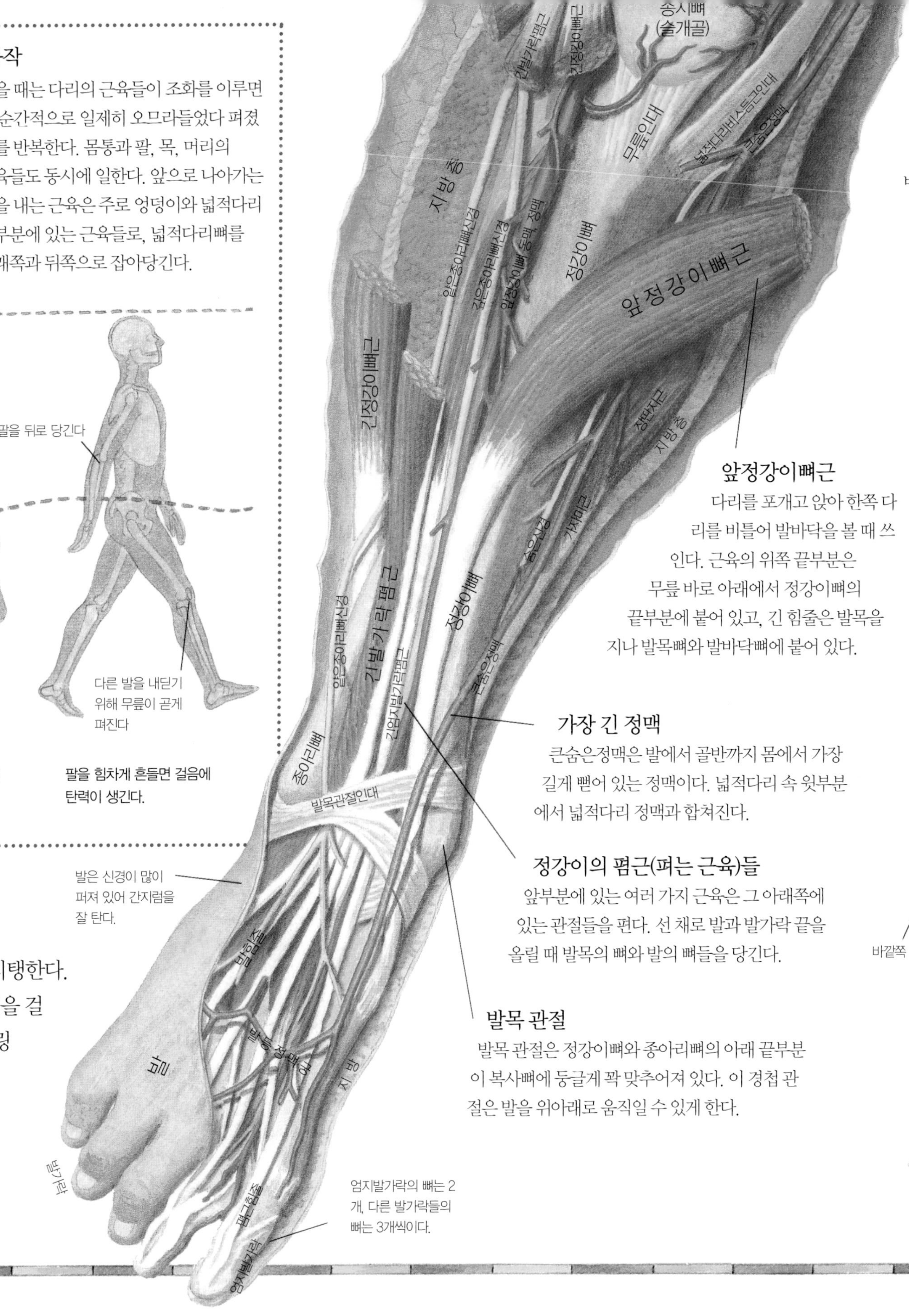

앞정강이뼈근

다리를 포개고 앉아 한쪽 다리를 비틀어 발바닥을 볼 때 쓰인다. 근육의 위쪽 끝부분은 무릎 바로 아래에서 정강이뼈의 끝부분에 붙어 있고, 긴 힘줄은 발목을 지나 발목뼈와 발바닥뼈에 붙어 있다.

가장 긴 정맥

큰숨은정맥은 발에서 골반까지 몸에서 가장 길게 뻗어 있는 정맥이다. 넓적다리 속 윗부분에서 넓적다리 정맥과 합쳐진다.

정강이의 폄근(펴는 근육)들

앞부분에 있는 여러 가지 근육은 그 아래쪽에 있는 관절들을 편다. 선 채로 발과 발가락 끝을 올릴 때 발목의 뼈와 발의 뼈들을 당긴다.

발목 관절

발목 관절은 정강이뼈와 종아리뼈의 아래 끝부분이 복사뼈에 둥글게 꽉 맞추어져 있다. 이 경첩 관절은 발을 위아래로 움직일 수 있게 한다.

다리 뒷부분

다리 뒷부분도 앞부분과 마찬가지로 두꺼운 근육에 싸여 있다. 장딴지근은 머리가 안쪽 머리와 바깥쪽 머리로 갈라져 있다. 안쪽 머리는 다리의 중앙부 가까이에 있고, 바깥쪽 머리는 바깥 부분에 있다.

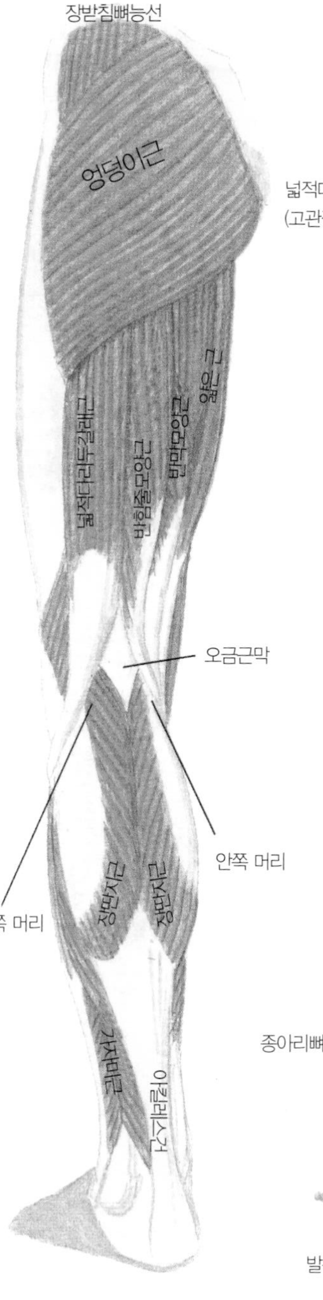

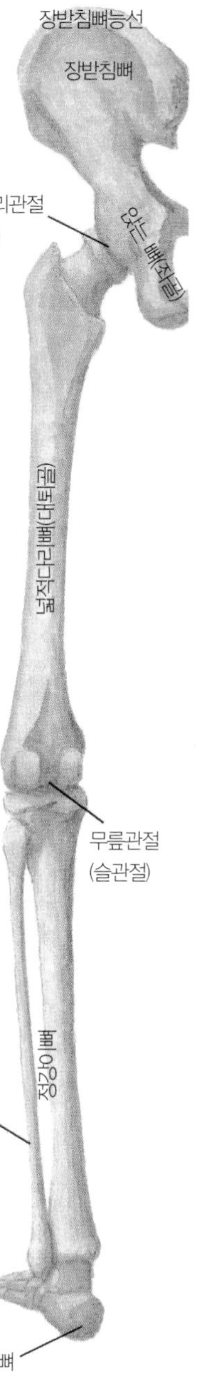

스프링 같은 발

발은 손보다 섬세함이 부족하지만, 몸을 지탱한다. 탄력 있는 아치형의 구조는 울퉁불퉁한 길을 걸어도 충격을 줄이고, 발을 내디딜 때 스프링 역할을 한다. 몸에서 가장 긴 신경이 발가락과 뇌를 연결하고 있다.

발가락뼈

발가락뼈는 서 있을 때 몸의 균형을 유지시키고, 걷거나 달릴 때 땅을 뒤로 민다.

고관절과 무릎관절
The Hip & Knee

넓적다리뼈와 궁둥이뼈를 연결하는 고관절(넓적다리 관절)은 질긴 인대와 힘센 근육에 둘러싸여 있어 매우 튼튼하다. 걸을 때는 체중을 견딜 수 있도록 안정적이다. 그러나 자유롭게 움직일 수 없어서 다리를 앞쪽으로는 많이 올릴 수 있지만, 옆쪽과 뒤쪽으로는 조금밖에 올릴 수 없다. 두 개의 뼈가 이어져 있는 무릎관절은 아랫다리와 발을 앞뒤로 움직인다. 넓적다리뼈 아래 끝에 있는 불룩한 부분이 정강이뼈 위쪽 끝에 있는 두 개의 우묵한 부분에 맞추어져 있다.

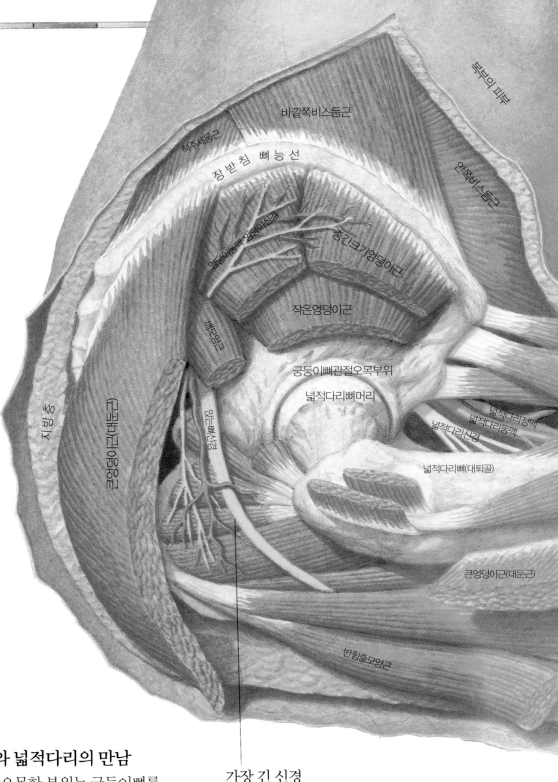

바깥쪽비스듬근
척추세움근
장반침 뼈능선
뒤쪽의 피부
안쪽비스듬근
엉덩이동맥·엉덩이신경
중간크기엉덩이근
작은엉덩이근
빗근육근
근육영근건막
궁둥이뼈관절오목부위
넓적다리뼈머리
넓적다리정맥
넓적다리동맥
넓적다리신경
넓적다리뼈(대퇴골)
큰엉덩이근(대둔근)
반힘줄모양근
이근·뼈신경

스키를 탈 때 허리와 무릎, 발목을 구부려 안정을 유지한다.

궁둥이뼈와 넓적다리의 만남
궁둥이뼈의 오목한 부위는 궁둥이뼈를 이룬 장받침뼈, 앉는 뼈, 불두덩뼈가 만난 곳에 있다. 몸에서 가장 길고 큰 뼈인 넓적다리뼈는 키의 약 4분의 1이나 된다.

가장 긴 신경
엉치등뼈에서 넓적다리를 지나 쭉 뻗어 있는 앉는 뼈 신경은 몸에서 가장 긴 신경이다. 넓적다리 뒤쪽 근육뿐만 아니라 아랫다리에 있는 모든 근육과도 신호를 주고받는다. 무릎 근처에서 종아리뼈 신경과 정강이뼈 신경으로 나누어진다.

무릎 반사
뇌의 작용 없이 신경계가 자동적으로 반응하는 것을 반사라고 한다. 의사는 무릎 반사를 조사하여 신경이 정상적으로 기능하는지 확인한다. 종지뼈 아래를 가볍게 때리면 넓적다리 네갈래근의 힘줄이 늘어난다. 감지기가 그 움직임을 알아내어 척수에 신경 신호를 보내고, 척수의 반사 신경 회로는 신호를 뇌에 전하지 않고 다리에 직접 보낸다. 그러면 넓적다리 네갈래근이 수축하여 정강이를 번쩍 들어 올린다. 이 반사는 오래 서 있을 때 몸을 똑바로 유지하는 데 도움을 준다.

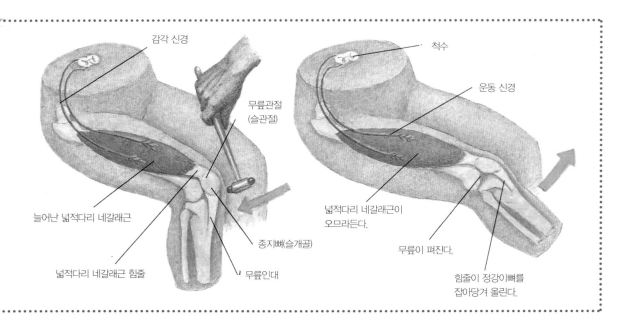

감각 신경
무릎관절(슬관절)
늘어난 넓적다리 네갈래근
넓적다리 네갈래근 힘줄
종지뼈(슬개골)
무릎인대
척수
운동 신경
넓적다리 네갈래근이 오므라든다.
무릎이 펴진다.
힘줄이 정강이뼈를 잡아당겨 올린다.

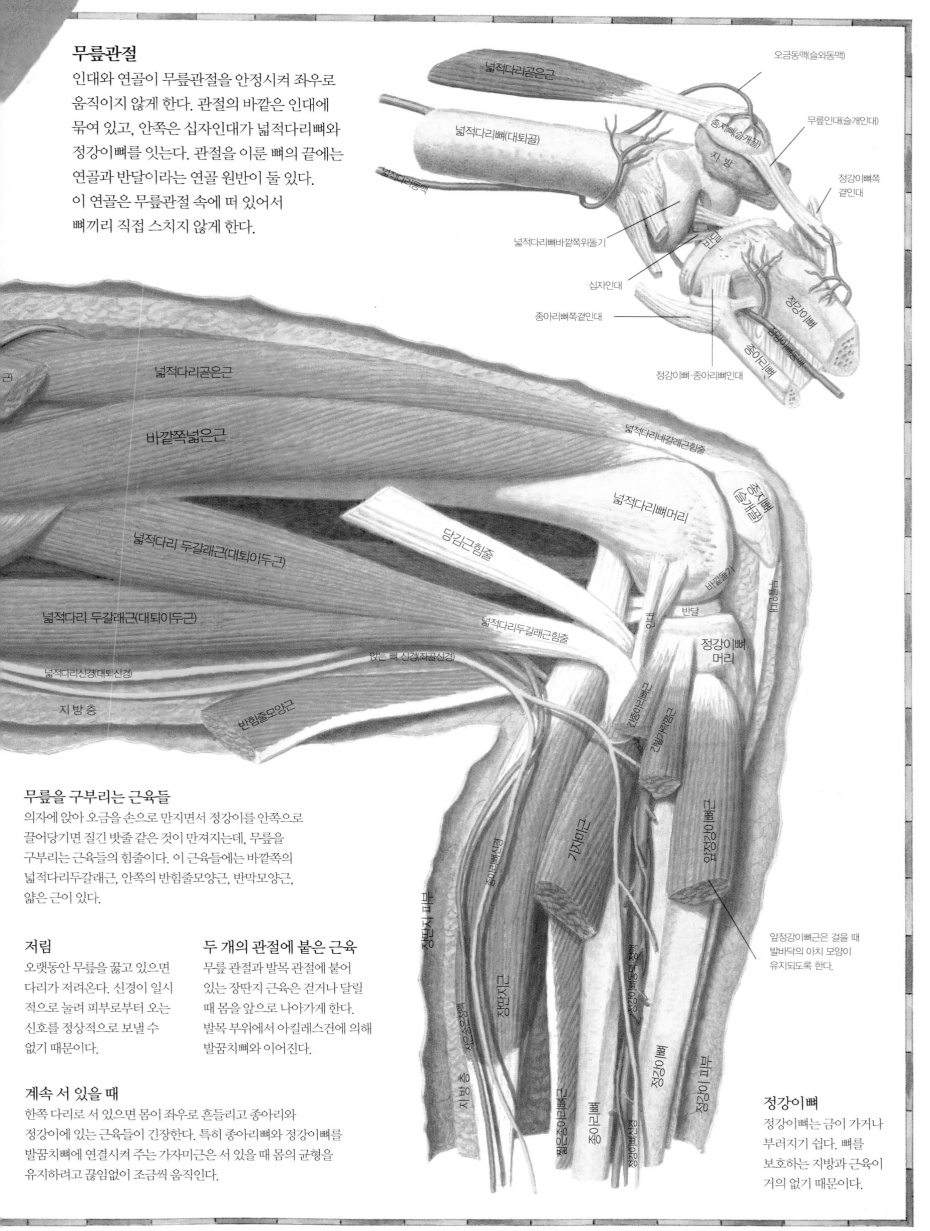

무릎관절

인대와 연골이 무릎관절을 안정시켜 좌우로
움직이지 않게 한다. 관절의 바깥은 인대에
묶여 있고, 안쪽은 십자인대가 넓적다리뼈와
정강이뼈를 잇는다. 관절을 이룬 뼈의 끝에는
연골과 반달이라는 연골 원반이 둘 있다.
이 연골은 무릎관절 속에 떠 있어서
뼈끼리 직접 스치지 않게 한다.

넓적다리곧은근
넓적다리뼈(대퇴골)
넓적다리동맥
오금동맥(슬와동맥)
종지뼈(슬개뼈)
지방
무릎인대(슬개인대)
정강이뼈쪽곁인대
넓적다리뼈바깥쪽위돌기
반달
십자인대
정강이뼈
정강이뼈거친면
종아리뼈쪽곁인대
정강이뼈·종아리뼈인대
종아리뼈

넓적다리곧은근
바깥쪽넓은근
넓적다리네갈래근힘줄
넓적다리뼈머리
종지뼈(슬개뼈)
넓적다리 두갈래근(대퇴이두근)
당김근힘줄
바깥돌기
무릎인대
넓적다리 두갈래근(대퇴이두근)
넓적다리두갈래근힘줄
반달
정강이뼈머리
앉는 뼈 신경(좌골신경)
넓적다리신경(대퇴신경)
장딴지근
지방층
반힘줄모양근
가자미근
오금근
얕은 종아리 신경
장딴지근
깊은 종아리 신경
장딴지근
종아리 신경
종아리뼈
종아리뼈
긴종아리근
긴발가락굽힘근
긴엄지굽힘근
뒤정강근
정강이뼈
정강이뼈
앞정강이뼈근은 걸을 때
발바닥의 아치 모양이
유지되도록 한다.

무릎을 구부리는 근육들

의자에 앉아 오금을 손으로 만지면서 정강이를 안쪽으로
끌어당기면 질긴 밧줄 같은 것이 만져지는데, 무릎을
구부리는 근육들의 힘줄이다. 이 근육들에는 바깥쪽의
넓적다리두갈래근, 안쪽의 반힘줄모양근, 반막모양근,
얇은 근이 있다.

저림

오랫동안 무릎을 꿇고 있으면
다리가 저려온다. 신경이 일시
적으로 눌려 피부로부터 오는
신호를 정상적으로 보낼 수
없기 때문이다.

두 개의 관절에 붙은 근육

무릎 관절과 발목 관절에 붙어
있는 장딴지 근육은 걷거나 달릴
때 몸을 앞으로 나아가게 한다.
발목 부위에서 아킬레스건에 의해
발꿈치뼈와 이어진다.

계속 서 있을 때

한쪽 다리로 서 있으면 몸이 좌우로 흔들리고 종아리와
정강이에 있는 근육들이 긴장한다. 특히 종아리뼈와 정강이뼈를
발꿈치뼈에 연결시켜 주는 가자미근은 서 있을 때 몸의 균형을
유지하려고 끊임없이 조금씩 움직인다.

정강이뼈

정강이뼈는 금이 가거나
부러지기 쉽다. 뼈를
보호하는 지방과 근육이
거의 없기 때문이다.

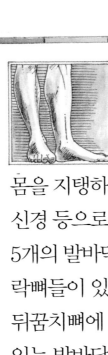

발목과 발
The Ankle and Foot

몸을 지탱하고 움직이는 발은 뼈, 근육, 힘줄, 인대, 혈관, 신경 등으로 이루어져 있다. 하나의 발에는 7개의 발목뼈, 5개의 발바닥뼈, 2개의 엄지발가락뼈, 3개씩의 다른 발가락뼈들이 있다. 똑바로 서 있을 때 체중은 주로 복사뼈와 뒤꿈치뼈에 의해 지탱된다. 체중의 일부는 발목 가까이 있는 발바닥뼈의 끝부분이 지탱한다.

발바닥뼈와 발가락뼈는 부드러운 아치형을 이루어 몸의 균형을 잡고, 걷거나 달릴 때 발에 탄력을 준다.

발목뼈 퍼즐 맞추기
복사뼈는 뒤꿈치뼈의 위쪽 앞에 있다. 둥근 끝부분은 앞에 있는 배모양뼈의 오목한 부분에 꼭 맞는다. 배모양뼈는 3개의 쐐기뼈를 받치고, 쐐기뼈는 첫째~셋째 발바닥뼈에 연결되어 있다. 뒤꿈치뼈는 육면체뼈와 연결되었고, 육면체뼈는 넷째, 다섯째 발바닥뼈를 지탱한다.

발가락을 구부리면
발가락을 위로 구부리면 종아리 앞쪽에 있는 폄근이 발목에서 발가락까지 뻗어 있는 긴 힘줄을 당긴다. 이 힘줄은 미끈미끈한 액체가 들어 있는 힘줄 주머니 속에서 미끄럽게 움직인다.

발을 딱딱하게 하는 것들
발 가운데에 발등 뼈사이근 4개와 발바닥 뼈사이근 3개가 있다. 발목 근처의 발바닥뼈에 붙어 발가락뼈까지 뻗어 있는 이 근육들이 오므라들면 발 가운데 부분이 딱딱해진다. 발가락을 구부려 무엇인가를 집어 올릴 때 느낄 수 있다.

복사뼈
복사뼈는 발목 관절의 일부가 아니라 종아리뼈의 아랫부분이 혹처럼 튀어나온 것이다.

뒤꿈치뼈
발목뼈 가운데 가장 크다.

폄근붙듬띠
이 끈 모양의 띠는 근육과 힘줄을 뼈 주위에 단단히 묶어 준다. 손목을 감싸고 있는 붙듬띠와 같은 구실을 한다.

머리에서 발끝까지
몸에서 가장 긴 신경이 머리에서 발끝까지 뻗어 있다. 발끝이 무엇엔가 부딪치면 아픔이 뇌에 전해지기까지 시간이 좀 걸린다. 신경 신호가 긴 거리를 지나가야 하기 때문이다.

발의 아치들
발에는 발뼈가 만든 3개의 아치가 있어 체중을 지탱할 때는 납작해졌다가 그럴 필요가 없을 때는 본래의 상태로 돌아간다. 아치 하나는 발의 폭이 가장 넓은 부분에 가로로 있고, 다른 둘은 세로로 발의 양쪽에 하나씩 있다. 혈액은 발가락에서 발등 피부 아래의 구부러진 발등 정맥궁으로 흘러든다.

복사뼈   뒤꿈치뼈

배모양뼈

쐐기뼈   육면체뼈

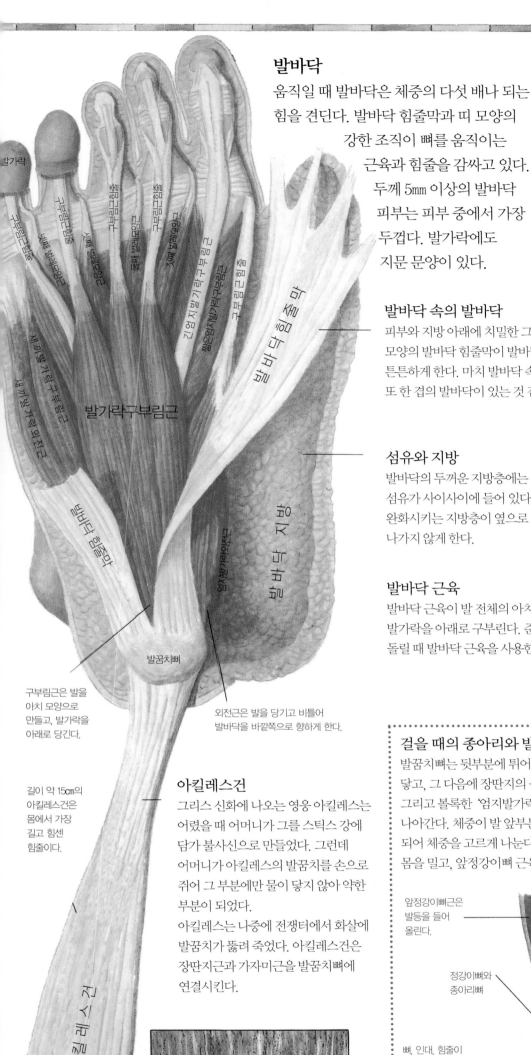

발바닥

움직일 때 발바닥은 체중의 다섯 배나 되는 힘을 견딘다. 발바닥 힘줄막과 띠 모양의 강한 조직이 뼈를 움직이는 근육과 힘줄을 감싸고 있다. 두께 5mm 이상의 발바닥 피부는 피부 중에서 가장 두껍다. 발가락에도 지문 문양이 있다.

발바닥 속의 발바닥
피부와 지방 아래에 치밀한 그물 모양의 발바닥 힘줄막이 발바닥을 튼튼하게 한다. 마치 발바닥 속에 또 한 겹의 발바닥이 있는 것 같다.

섬유와 지방
발바닥의 두꺼운 지방층에는 실 모양의 섬유가 사이사이에 들어 있다. 충격을 완화시키는 지방층이 옆으로 밀려 나가지 않게 한다.

발바닥 근육
발바닥 근육이 발 전체의 아치 모양을 유지하고, 발가락을 아래로 구부린다. 준비운동으로 발가락을 돌릴 때 발바닥 근육을 사용한다.

손과 발

손과 발의 뼈들은 이름이 같을 뿐만 아니라 배열도 같다. 하지만 손의 뼈들이 더 가늘고 가벼우며, 관절도 부드럽다. 간혹 손을 쓸 수 없는 사람은 훈련을 통해 발가락으로 글도 쓰고 그림도 그리고 컴퓨터도 다룰 수 있다.

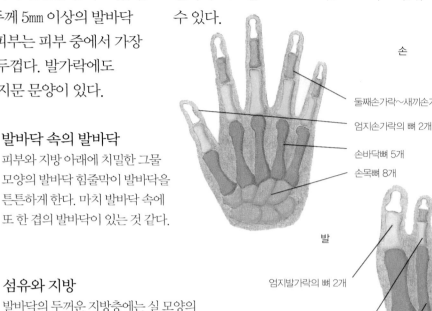

손

둘째손가락~새끼손가락의 뼈 각 3개
엄지손가락의 뼈 2개
손바닥뼈 5개
손목뼈 8개

발

엄지발가락의 뼈 2개
둘째발가락~새끼발가락의 뼈 각 3개
발바닥뼈 5개
발목뼈 7개

그림 속 이름표

발가락

구부림근줄
셋째 굽혀펴기
구부림근줄
셋째 벌레근육
넷째 벌레근육
구부림근육
긴엄지발가락벌레구부림근
짧은엄지발가락구부림근
발바닥힘줄막

발가락구부림근
새끼발가락구부림근
새끼발가락벌림근

엄지발가락벌림근
짧은엄지발가락벌림근
발바닥 지방

발꿈치뼈

구부림근은 발을 아치 모양으로 만들고, 발가락을 아래로 당긴다.

외전근은 발을 당기고 비틀어 발바닥을 바깥쪽으로 향하게 한다.

아킬레스건

그리스 신화에 나오는 영웅 아킬레스는 어렸을 때 어머니가 그를 스틱스 강에 담가 불사신으로 만들었다. 그런데 어머니가 아킬레스의 발꿈치를 손으로 쥐어 그 부분에만 물이 닿지 않아 약한 부분이 되었다.
아킬레스는 나중에 전쟁터에서 화살에 발꿈치가 뚫려 죽었다. 아킬레스건은 장딴지근과 가자미근을 발꿈치뼈에 연결시킨다.

길이 약 15cm의 아킬레스건은 몸에서 가장 길고 힘센 힘줄이다.

아킬레스건

뼈의 표면에 꽉 붙은 힘줄의 섬유를 보여주는 현미경 사진

걸을 때의 종아리와 발

발꿈치뼈는 뒷부분에 튀어나와 있어서 발을 내디딜 때 가장 먼저 땅에 닿고, 그 다음에 장딴지의 근육이 오므라들어 발꿈치를 들어 올린다. 그리고 볼록한 '엄지발가락의 공' 이 발을 앞으로 밀어 몸이 앞으로 나아간다. 체중이 발 앞부분에 있는 뼈로 쏠리면 발의 아치가 평평하게 되어 체중을 고르게 나눈다. 마지막으로 엄지발가락의 구부림근이 몸을 밀고, 앞정강이뼈 근육이 발등을 들어 올려 다음 걸음을 준비한다.

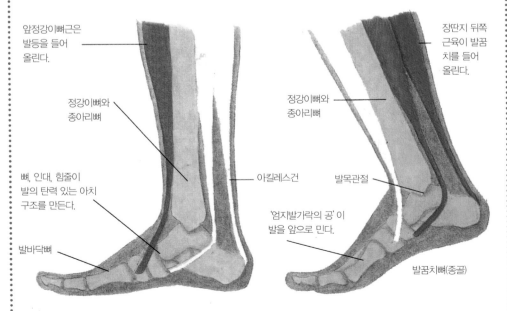

앞정강이뼈근은 발등을 들어 올린다.

정강이뼈와 종아리뼈

뼈, 인대, 힘줄이 발의 탄력 있는 아치 구조를 만든다.

발바닥뼈

장딴지 뒤쪽 근육이 발꿈치를 들어 올린다.

정강이뼈와 종아리뼈

아킬레스건

발목관절

'엄지발가락의 공' 이 발을 앞으로 민다.

발꿈치뼈(종골)

찾아보기

ㄱ

S자모양결걸 47 · 가는기관지(세기관지) 27 · 가는동맥(세동맥) 46 · 가는정맥(세정맥) 46 · 가로돌기(횡돌기) 24 · 가로돌기사이근(횡돌기간근) 25 · 가로로뻗은결장(횡행결장) 41 · 가로막(횡격막) 9, 22 · 가로배간 40 · 가스트린 43 · 가슴(흉부, 흉곽) 5, 6, 22 · 가슴가시근 25 · 가슴가장긴근(흉최장근) 25 · 가슴근(흉근) 7 · 가슴대동맥 33 · 가슴등뼈(흉추) 24 · 가슴반가시근 25, 31 · 가슴벽신경(흉벽신경) 8 · 가슴뼈(흉골) 22 · 가슴뼈혀부리뼈근 23, 36 · 가슴샘(흉선) 9 · 가슴척추(흉추) 32 · 가슴허리근막 56, 57 · 가시돌기 32 · 가시아래근 21, 25 · 가시위근 25 · 가시위인대 33 · 가이아(땅의 신) 56 · 가지미근 7, 59 · 가짜 갈비뼈(가는뼈) 23 · 각각 16 · 각질층 35 · 간 4, 9, 40 · 간 관 44 · 간 작은엽(간소엽) 44 · 간정맥 44 · 간낫모양사이막 44 · 간나(영구치) 13 · 간동맥가지 44 · 간세포 44 · 간오른쪽엽 41, 44 · 간왼쪽엽 41 · 간정맥가지 44 · 갈비뼈 결절 24 · 갈비뼈 6, 20, 22 · 갈비뼈목 24 · 갈비뼈물렁뼈 40 · 갈비뼈사이근 23, 26, 36, 40 · 감각기관 8, 12 · 감각수용체 34 · 감각신경 60 · 감각중추 14 · 감각계 6 · 갑상선호르몬 26 · 갑상선(목밑샘) 8, 26 · 갑상연골(갑옷 모양의 물렁뼈) 10, 21 · 같은줄기장받힘뼈동맥 33 · 같은줄기장받침뼈정맥 33 · 거미막 11, 15 · 걸이인대 50 · 겨드랑이림프절 9, 31, 37 · 겨드랑이정맥 22 · 겨드랑이(액와) 5 · 결각 16 · 결장띠 47 · 경막(튼튼한 막) 10, 15, 17 · 곁인대 61 · 계(체계) 6 · 고막 18 · 고막긴장근 19 · 고환강 51 · 골반 6, 56 · 골반의 장받침능선 53 · 골수 24 · 골지체 6 · 공막 16 · 공장 41 · 과립층 35 · 관모양봉합 13 · 관상동맥 28 · 관상동맥신경총 29 · 관절 오목부위 30 · 관절점액주머니 30 · 관절주머니 62 · 관절막 37 · 구개뼈 8 · 구멍(눈위구멍) 13 · 구부림근붙들띠 34, 39 · 구부림근 7, 37, 63 · 굳은입천장(경구개) 10 · 궁둥뼈 33 · 귀 18 · 귀밑샘(이하선) 11 · 귀지샘 18 · 귓구멍(외이도) 11, 18 · 귓바퀴 18 · 귓불 18 · 근막 57 · 근육 4, 7, 10, 12 · 근육늘어남감지기 34 · 글루카곤 44 · 기관숨관 9 · 기도점막 27 · 기저층 35 · 긴머리 35 · 긴발가락폄근 59 · 긴엄지굽가락폄근 34 · 꼬리뼈 25

ㄴ

나비뼈(접형골) 12, 15 · 난관 52 · 난소 52 · 난소걸이인대 52 · 난원창 18 · 난자 50, 52 · 난황주머니 54 · 내림프액 19 · 내분비계 8 · 내분비샘 8 · 내분비선 8 · 넓적다리곧은근 7 · 넓적다리관절(고관절) 47, 60 · 넓적다리근막장근 53 · 넓적다리네갈래근 58 · 넓적다리두갈래근(대퇴이두근) 7 · 넓적다리바깥쪽피부신경 50 · 넓적다리비스듬인대 59 · 넓적다리비스듬근 7, 53, 58 · 넓적다리뼈바깥쪽위돌기 61 · 넓적다리뼈(대퇴골) 6, 47 · 넓적다리신경 50 · 넓은등근(광배근) 7, 24 · 넓은목근 23 · 네프론 48 · 노폐물 8 · 뇌 4 · 뇌고랑 15 · 뇌교 14 · 뇌량 14 · 뇌바닥동맥 15 · 뇌신경 14 · 뇌엽 14 · 뇌이랑 15 · 뇌하수체 8, 14 · 눈 16 · 눈구멍 12 · 눈까풀 14 · 눈동자(동공) 16 · 눈물레근(안륜근) 10, 12 · 눈물뼈(누골) 12 · 눈물샘 16 · 눈썹주름근 13 · 눈아래신경 13 · 눈조리개(홍채) 16 · 늑막(흉막) 26

ㄷ

단백질 콜라겐 35 · 달팽이관 18 · 달팽이관 신경 19 · 달팽이축 19 · 당김근힘줄 61 · 대뇌반구 14 · 대뇌정맥 15 · 대동맥 8, 28 · 대동맥궁 33 · 대동맥·장받침뼈 림프절 9 · 대동맥판막 29 · 대망 41 · 대식세포 27, 45 · 대음순 53 · 대장 40, 46 · 대정맥 8, 45 · 도르래근 17 · 도르래위신경 13 · 동맥 4 · 동맥궁 39 · 동양혈관동굴 모양의 혈관 44 · 두정엽 14 · 뒤꿈치뼈 62 · 뒤통수근(후거근) 25 · 뒷머리근(후두근) 11 · 뒷머리뼈(종골) 62 · 뒷머리뼈(후두골) 12, 32 · 뒷머리신경 32 · 뒷반고리관 19 · 들숨 23 · 등 24 · 등뼈(척골) 7, 11 · 등의 근막 7 · 등지뼈 19 · 딸꾹질 27 · 땀샘 7, 35 · 떠 있는 갈비뼈(부유늑골) 23

ㄹ

랑게르한스섬 45 · 레벤후크 50 · 리보솜 6 · 리소좀 6 · 림프계 45 · 림프관 9, 31 · 림프구 31 · 림프액 9, 31 · 림프절(림프샘) 9, 31

ㅁ

막대 모양 세포(간상 세포) 17 · 막미로 19 · 망막 16 · 망치뼈 19 · 맥락막 16 · 맥박 39 · 맹장 40 · 머리 7, 10 · 머리가장긴근 21 · 머리곡대기뼈(두개골) 12 · 머리반가시근 20, 25 · 머리뼈(두개골) 6 · 머리판모양근 7, 11, 20 · 멜라닌 세포 7 · 모루뼈 19 · 모세혈관(실핏줄) 4 · 모양체신경 13 · 목 10, 20 · 목근 10 · 목동맥(경동맥) 8, 10 · 목동맥구멍(경동맥공) 20 · 목동맥(경추) 6, 20 · 목 림프절 9 · 목갈큰뼈근골(경장녹근) 21 · 목정맥(경정맥) 8 · 목정맥구멍(경정맥공) 20 · 목척추(경추) 32 · 목척추(경추) 굽이 32 · 몸 운동 중추 14 · 무릎관절슬관절 5, 60 · 무릎 굴곡근 7, 60 · 무릎 반사 60 · 무릎 인대(슬개 인대) 59, 61 · 문맥 42 · 물질대사(신진대사) 40 · 미각 8 · 미네랄(광물질) 44 · 미뢰 8 · 미세융털(미세융모) 46 · 미즙 42, 43 · 미토콘드리아 6 · 민무늬근(평활근) 27

ㅂ

바깥목동맥(외경동맥) 12 · 바깥반고리관 19 · 바깥비스듬근(외사근) 7 · 바깥쪽(요측) 6, 34 · 바깥쪽근(요곧근) 37 · 바깥쪽 동맥(요골 동맥) 38 · 바깥쪽신경(요골신경) 34, 38 · 바깥쪽손목구부림근(요측수근굽근) 37 · 바깥쪽손목폄근(요측수근신근) 34 · 바깥쪽정맥(요측 정맥) 34, 35 · 바깥쪽곧은근(최측근) 17 · 바깥쪽넓은근(외측광근) 7, 58 · 바깥쪽 머리(외측두) 35 · 바깥쪽목정맥(외경정맥) 10, 11 · 바깥쪽돌출근(외측돌근) 11 · 비쿼모양근(윤상근) 42 · 반고리관 18 · 반막모양근(반막양근) 61 · 반힘줄모양근(반건양근) 7, 61 · 발가락뼈(족지골) 6, 59 · 발꿈치뼈 힘줄(종골건) 63 · 발등 정맥궁 59, 62 · 발목 관절 59 · 발목뼈(족근골) 6, 59, 62, 63 · 발바닥뼈(중족골) 6, 62, 63 · 발의 아치(궁) 5 · 발톱 7 · 방광 7, 9, 48, 49 · 방광벽 49 · 방사상 72 · 배 7 · 배가락뼈 54 · 배(복부, 복강) 22 · 배가로근(복횡근) 7 · 배곧은 동맥 54 · 배꼽 동맥 54 · 배모양근(이상근) 60 · 배바깥쪽비스듬근(외복사근) 40, 50 · 배설계 8 · 배안쪽 비스듬근(내복사근) 40, 50 · 백질 14 · 백혈구 8 · 벽쪽늑막 26 · 보먼주머니 48 · 보청기 18 · 복막 41, 49 · 복부대동맥(복대동맥) 9, 33, 42 · 복사뼈(거골) 62 · 볼거리(이하선염) 11 · 부동 섬모 19 · 부리 돌기 31 · 부리위팔근(오구상완근) 37 · 부바깥쪽정맥(부요정맥) 35 · 부비강 34 · 부신곁콩팥 8, 48 · 부신피막 48 · 부정소(부고환) 50 · 부착경 54 · 분화 54 · 불두덩뼈(치골) 47, 56 · 불두덩뼈결합(치골결합) 56 · 붉은색 수질 45 · 비스듬근(사근) 42 · 빗장뼈(쇄골) 5, 22 · 빗장뼈아래동맥(쇄골하동맥) 32 · 뺨근(협근) 13 · 뺨샘(협골) 10, 12, 20 · 뺨근(협골근) 12 · 뼈막(골막) 15 · 뼈미로(골미로) 19 · 뼈사이(골간근) 62 · 뼈사이동맥(골간동맥) 34

ㅅ

사구체 4, 48 · 사정 50 · 사정관 50 · 산도 56 · 삼각근 7, 24, 31 · 삼차 신경 14, 15 · 삼첨판(삼첨판) 28 · 상아질 13 · 샅 림프절 9 · 샅 인대(서혜인대) 51 · 새끼손가락구부림근 59 · 새끼손가락대립근 39 · 새끼손가락외전근 34, 39 · 생식기관 50 · 섬유성 지지 조직 27 · 섬유질 밴드 34 · 섬유초 19 · 성대 10 · 세갈래근(삼두근) 7, 25, 35 · 세갈래근 바깥쪽머리(삼두근외측부) 35 · 세동맥 27 · 세로 근육(종근) 42 · 세포 6, 17 · 세포막 6 · 세포분열 54 · 소뇌(작은골) 14 · 소뇌 고랑(뇌구) 15 · 소뇌 이랑(뇌회) 15 · 소음순 53 · 소장(작은창자) 9, 40, 46 · 소포체 6 · 소화 효소 42, 44, 46 · 소화액 46 · 속귀(내이) 12, 18 · 속막 27 · 속막속막(골막) 15 · 손가락동맥 5 · 손가락뼈(수지골) 6, 34 · 손가락정맥 5 · 손가락폄근(수지정맥) 34 · 손가락폄근 7 · 손가락폄근힘줄 34 · 손등뼈사이근 34 · 손등정맥 34 · 손목관절 6 · 손목뼈 6, 35, 63 · 손바닥폄인대 38 · 손바닥뼈 6, 63 · 손바닥정맥궁 39 · 손톱 7 · 수막뇌척수막 15 · 수정 54 · 수정체 16 · 수질 15 · 순환계 8 · 승모판(승모판막) 29 · 시각 8 · 시각센터 14 · 시각중추 14 · 시상하부 14, 15 · 시신경 14 · 시신경교차 14 · 시신경유두 16 · 식도 3, 20 · 신경 4, 12 · 신경계 8, 14 · 신경뿌리 33 · 신경세포 14, 49 · 신경중추 14, 49 · 신경총 33 · 신우 48 · 신장 4, 9, 40, 48 · 신장기능 48 · 신장동맥 48 · 신장수질 4 · 신장유두 48 · 신장정맥 48 · 신장피막 48 · 심근 29 · 심막(심낭) 4, 26, 29 · 심방 4, 28 · 심실 4, 28 · 심실가운데칸막이 28 · 심장 4, 22, 28 · 심장수축기 29 · 심장확장기 29 · 심재성손가락구부림근힘줄 39 · 십이지장 41 · 십자인대 61 · 쐐기뼈 62 · 쓸개 9, 40, 41, 44 · 쓸개즙(담즙) 44 · 쓸개즙관(담관) 44 · 씹는근(교근, 저작근) 10, 13

ㅇ

아래곧은근 17 · 아래관절면 33 · 아래대정맥 9 · 아래로뻗은하행결장 41 · 아래장사이막동맥 51 · 아래장사이막정맥 47 · 아래턱근 10 · 아래턱뼈(하악골) 6, 12 · 아래팔굽부림근 39 · 아래팔(전완) 5 · 아랫대정맥(하대정맥) 28, 33 · 아랫입술내림근 12 · 아랫입술정맥 12 · 아킬레스건 5, 59, 63 · 아틀라스 56 · 안방수 16 · 안쪽날개근 13 · 안쪽넓은근 7 · 안쪽머리 35 · 안쪽목정맥 11 · 앉는뼈(좌골) 49 · 앞머리뼈(전두골) 12 · 앞반고리관 19 · 앞정강이뼈(전경골근) 7, 59, 61, 63 · 앞팔뚝니근(전거근) 23, 25 · 양막 55 · 양수 54 · 얕은옆머리동맥 11, 12 · 얕은옆머리정맥 12 · 얕은종아리신경 59 · 어깨 관절 30, 58 · 어깨봉우리 31 · 어깨솟양쪽 관절 5 · 어깨봉우리빗장뼈관절 25 · 어깨뼈(견갑골) 4, 6, 20 · 어깨뼈가시(견갑골극) 25 · 어깨뼈올림근(견갑거근) 11, 20 · 언어운동중추 14 · 언어이해중추 14 · 얼굴동맥 12 · 얼굴신경 13 · 얼굴신경뺨가지 13 · 얼굴신경아래턱가지 13 · 얼굴정맥 10, 12 · 엄지발가락의 공 5, 63 · 엄지발가락뼈 62 · 엄지손가락구부림근힘줄 39 · 엄지손가락내전근 39 · 엄지손가락대립근 39 · 엄지손가락폄근힘줄 39 · 엉덩이근(대둔근) 7 · 엉덩이 틈(둔부열) 5 · 엉치뼈샘 6, 32, 57 · 엉치등뼈신경총(천골신경) 8 · 엉치등뼈신경총 33, 57 · 에나멜질 13 · 에스트로겐 50 · 에이히브 58 · 여윈문(림문) 41, 47 · 여윈팔근(상악골) 12 · 옆머리(상악) 12 · 옆머리정맥(측두정맥) 21, 32 · 옆머리뼈(측두골) 12 · 옆머리근(측두근) 11, 13 · 오금근(슬와근) 59 · 오금동맥(슬와 동맥) 61 · 오금림프절 9 · 오른쪽공통장받침뼈동맥(우총장골동맥) 51 · 오른쪽관상동맥(우관상동맥) 28 · 오른쪽대뇌반구 15 · 오른쪽빗장뼈아래정맥(우쇄골하정맥) 26 · 오른쪽신정맥 9 · 오른쪽폐동맥(우폐동맥) 28 · 오줌 9 · 오줌관(요관) 9 · 오줌길(요도) 9, 48 · 오줌길뼈(요도구) 49 · 오줌집합관 48 · 오줌통 본체(방광체) 49 · 외림프 19 · 외음부(음문) 53 · 외이 18 · 외전근 63 · 외항근 7 · 왼쪽신동맥 9 · 왼쪽폐정맥(좌폐정맥) 27 · 왼쪽빗장뼈아래정맥(좌쇄골하정맥) 27, 32 · 왼쪽폐동맥(좌폐동맥) 29 · 요도괄약근 48, 49 · 요도해면체 50 · 요로감염 49 · 요막관 49 · 우라노스(하늘의 신) 56 · 우심실 28 · 운동 신경 60 · 원근 7 · 원볼모양세포(원추세포) 17 · 월경 주기 52 · 위 4, 9, 20, 40 · 위검판(상검판) 16 · 위곧은근(상직근) 17 · 위관절돌기(상관절돌기) 33 · 위내시경 43 · 위눈꺼풀근(상안검근) 17 · 위대망동맥 42 · 위뒷문괄약근(유문괄약근) 42 · 위뒷문부(유문부) 42 · 위로뻗은결장상행결장) 40, 41 · 위비스듬근(상사근) 17 · 위산 42 · 위앞문괄약근(분문괄약근) 33 · 위오른쪽반구 7 · 위의 활꿈부(궁륭부) 41, 47 · 위턱뼈(상악골) 12 · 위팔굽갈래근(상완이두근) 7 · 위팔근(상완근) 35, 36 · 위팔동맥(상완동맥) 31 · 위팔뼈머리(상완골두) 30 · 위팔세갈래근(상완삼두근) 7 · 위팔세갈래근(상완삼두근)의 긴머리(장두) 31 · 윗대정맥(상대정맥) 28 · 윗입술동맥(상순동맥) 12 · 유두 12 · 유리체 16 · 유미관 46 · 유방 22 · 육면체빠(입방골) 62 · 윤상연골 10 · 융털(융모) 46 · 융털세움근(입모근) 35 · 탈출주머니(모낭) 12 · 음경 5, 50 · 음경해면체 50 · 음낭 5 · 음핵 53 · 이골(치수) 13 · 이관(유스타키오관) 19 · 이뿌리(치근) 13 · 이자(췌장) 9, 44 · 이자액(췌장액) 45 · 인대 5, 10, 25 · 인두 8, 21 · 인슐린 44, 45 · 입둘레근(구륜근) 13 · 입속(구강) 21 · 입천장편도(구개편도) 8

ㅈ

자궁 52 · 자궁근육층 55 · 자궁목(자궁경부) 52 · 자궁인대 52 · 자뼈(척골) 6, 34 · 자뼈신경(척골신경) 5, 34, 38 · 자뼈쪽손목구부림근(척측수근굽근) 34 · 자뼈쪽정맥(척측정맥) 34 · 작은가슴근(소흉근) 36 · 작은뺨근(소협골근) 10 · 작은마름모근(소능형근) 31 · 작은신장술잔(소신배) 48 · 작은원근(소원근) 21 · 장창자 4 · 장딴지근(비복근) 7, 59, 61 · 장막(장액막) 42, 43 · 장받침근(장골) 47, 56 · 장받침뼈갈비뼈(요장늑근) 57 · 장받침능선(장골릉) 40 · 장받침뼈엉치뼈관절(천장관절) 56 · 장사이막(장간막) 46 · 장사이막동맥(장간막동맥) 41 · 저림 61 · 적혈구 8 · 전두골 12 · 전두근 10, 12 · 전두막 14, 16 · 전두엽 14, 15 · 전두엽 전부 14, 15 · 전립선 49 · 전엽 14 · 전정 19 · 전정신경 19 · 점막 43 · 점막 아래 조직 43 · 정강이뼈(경골) 6, 61 · 정강이뼈신경(경골신경) 57, 60 · 정강이뼈·종아리뼈 인대(경골비골인대) 61 · 정강이뼈쪽곁인대(내측부인대) 61 · 정관 49 · 정관 부문 부위(정관팽대부) 49 · 정맥 4, 9 · 정삭 51 · 정소고환 50 · 정소동맥 48, 50 · 정소정맥 48, 50 · 정맥 주머니(정낭) 49, 50 · 정자 50 · 젖꼭지 22 · 젖꼭지(유두) 22 · 젖샘판유륜 22 · 젖니(유치) 13 · 젖샘(유선) 22 · 제2의 순환계 9 · 조임근(괄약근) 49 · 종아리근쪽곁인대(외측측부인대) 61 · 종아리뼈(비골) 6, 60, 62 · 종아리뼈쪽곁인대(외측측부인대) 61 · 종지뼈(슬개골) 6, 59 · 좌심방 28 · 좌심실 28 · 중간엽(중간골) 23 · 중간옆머리정맥(중측두정맥) 12 · 중간 크기 엉덩(중둔근) 56, 57 · 중위 18 · 중추신경 20 · 지각신경 8 · 지오소 퍼즐 11 · 지라(비장) 44 · 지라동맥(비동맥) 45 · 지라정맥 45 · 지방 17 · 지방덩어리 7 · 지방세포 6 · 지방층 7 · 직장대은창자 9, 41 · 진동(파동) 18 · 진짜 갈비뼈(진늑골) 23 · 진피 35 · 질 52 · 질 점막 52 · 짧은발가락폄근(단지신근) 62 · 짧은손바닥근육(단장근) 62 · 짧은엄지손가락외전근(단무지외전근) 34, 39 · 짧은종아리뼈근(단비골근) 7 · 짧은종아리뼈근힘줄(단비골건) 62

ㅊ

착상 54 · 척수신경 20 · 척수신경총 57 · 척수 8, 14, 20, 32 · 척수막 15 · 척주 5, 6, 20, 32 · 척주관 33 · 척주세움근(천극근) 25, 57 · 척추동맥 32 · 청각 8, 18 · 청각중추 14 · 청소골 18 · 체뼈(사골) 12 · 초막 51 · 촉각 8, 38 · 촉각수용체 35 · 추간판 24, 33 · 등골빠 20 · 추골 구멍(추공) 33 · 추골동맥 32 · 추체 33 · 축추 20, 32 · 충수 40 · 측두순환 35 · 치관 13 · 치돌기 20 · 치밀골 24 · 치조 13 · 침샘 9

ㅋ

칼둘기 23 · 케라틴 35 · 코근(비근) 10 · 코르티기관 19 · 코뼈(비골) 12 · 코뿌리근육 13 · 코신경 13 · 콧속(비강) 10, 21 · 쿠퍼샘(요도구선) 50 · 큐폴라 19 · 큰가슴근(대흉근) 7, 22, 23, 36 · 큰뒷머리구멍(대후두공) 20 · 큰마름모근(대능형근) 25, 31 · 큰뺨뼈근 12 · 큰숨은정맥(대복제정맥) 58, 59 · 큰신장술잔(대신배) 48

ㅌ

탄성섬유 27 · 태반 54 · 탯줄 54, 55 · 턱끝근육 10 · 턱동맥 12 · 털(섬모) 7, 27 · 털모양근(모양체근) 16 · 털모양바퀴모양근(모양체윤상근) 16 · 털세움근(입모근) 35 · 탈출주머니(모낭) 12 · 테스토스테론 51 · 티탄 족 56

ㅍ

판막 4, 28 · 팔꿈근육 5 · 팔꿈치관절 37 · 팔꿈치한가운데정맥 37 · 펩신 43 · 폄근 7 · 폄근붙들띠 34, 62 · 폄근힘줄 34, 39 · 평형감각 8, 19 · 폐(허파) 4, 9, 22, 26 · 폐늑막 26 · 폐동맥 27 · 폐동맥판막 29 · 폐상엽 26 · 폐순환(소순환) 23 · 폐정맥 27 · 폐중엽 26 · 폐첨부 26 · 폐포(허파꽈리) 26, 27 · 폐포모세혈관 27 · 폐포상피세포 27 · 폐하엽 26 · 포배 54 · 포피 50 · 표지 35 · 프로게스테론 52 · 피부계 7 · 피하지방 12

ㅎ

한가운데신경 25 · 한가운데정맥 35 · 항문 9, 47 · 항문내부괄약근 47 · 항문외부괄약근 47 · 해독작용 44 · 해면골 24 · 해면뼈(해면골) 24 · 하버스관 24 · 핵 6 · 핵산 6 · 허리사각근 25 · 허리신경(요신경) 8 · 허리장받침갈비뼈근 25, 57 · 허리척추 32 · 허먼 멜빌 58 · 혀동맥 12 · 허밑리뼈 10 · 혀편도(설편도) 8 · 혈관 4, 12, 28 · 혈관망 14 · 혈액세포 6 · 호르몬 8 · 호미뼈 13 · 호흡계 7 · 홑정맥 33 · 환추 20, 32 · 회백질 14 · 회장 40, 41, 47 · 후각기관 12 · 후각중추 14 · 후두(성대) 9, 21 · 후두덮개(후두개) 8 · 후두엽 14, 15 · 후두전두근 10 · 후신경 13 · 후엽 14 · 흉곽근막 26 · 흉쇄유돌근 11, 36 · 힘줄근 29 · 힘줄막 63 · 힘줄주머니 62

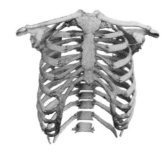

글 / 스티븐 파커
동물학을 전공하고 80권 이상의 저서를 기술했다. 지금도 계속 인체를 비롯한 과학 서적을 편찬하는 일에 전념하고 있다.

그림 / 줄리아노 포르나리
이탈리아 출생의 세계적인 삽화가. 주로 유럽을 무대로 그림책의 삽화를 그리고 있다. 이 시리즈의 '공룡대공원도 그가 그렸다.

번역 / 김재면
1981년 서울대학교 의과대학을 졸업하고, 1994년 고려대학교 의과대학 대학원에서 박사학위를 취득했다. 1988년에서 1994년까지 새한병원 내과과장으로 있었고, 1994년에서 현재까지 김재면 내과의원을 운영하고 있다.

감수
박선오
서울대학교 생물교육과를 졸업하고 과학동아 구술 연재 담당과 대성 전국 모의고사 출제 위원, 메가스터디 강사로 있었다.

오유경
부산대학교 사범대학 생물과를 졸업한 뒤 1982년부터 교직에 몸담고 있다. 현재 중학교 과학 교사로 있다.

박영주
서울대학교 사범대학 지구과학교육과를 졸업하고, 서울대학교 자연과학대학원 대기과학과를 졸업했다. 중학교 과학교사로 있다.